# 1 名詞①

80点
点
点
解答 ➡ P.65

**1** 次の絵を表す単語を下から選んで書きなさい。（5点×4）

(1)  ……………

(2)  ……………

(3)  ……………

(4)  ……………

| bike | box | book | pen | notebook | piano |
|---|---|---|---|---|---|

**2** (　)内の文字を並べかえて，次の絵を表す単語を書きなさい。（10点×4）

(1)  (o, d, g) ……………

(2)  (o, u, h, e, s) ……………

(3)  (t, m, a, h) ……………

(4)  (o, p, c, m, u, r, t, e) ……………

**3** 次の英語の意味を右から選び，記号を書きなさい。（5点×4）

(1) baseball [　　]
(2) pencil [　　]
(3) music [　　]
(4) movie [　　]

| | |
|---|---|
| ア 窓 | イ 家 |
| ウ えんぴつ | エ 箱 |
| オ 卵 | カ 映画 |
| キ 野球 | ク 音楽 |

**4** 次の日本語の意味を表すように，……に正しい文字を入れて，英語を完成しなさい。（5点×4）

(1) 絵，写真　pi……t……r……
(2) サッカー　s……cc……
(3) チーム　t……m
(4) ギター　g……it……r

# 2 動　詞 ①

合格点 80点
得点　　点
解答 ➡ P.65

**1** 次の日本語の意味を表す英語を右から選び，記号を書きなさい。(5点×4)

(1) ～が好きだ　[　　　]
(2) (～を)勉強する　[　　　]
(3) (～を)書く　[　　　]
(4) ～を作る　[　　　]

| | | | |
|---|---|---|---|
| ア | live | イ | write |
| ウ | work | エ | watch |
| オ | make | カ | study |
| キ | like | ク | speak |

**2** 次の絵の中の人物がしている動作を表す英語を，最初の文字に続けて書きなさい。(6点×4)

(1) 
s……………

(2) 
r……………

(3) 
s……………

(4) 
e……………

**3** 次の下線部の動詞を日本語にしなさい。(7点×4)

(1) <u>open</u> the door　ドアを [　　　　]
(2) <u>go</u> to school　学校に [　　　　]
(3) <u>teach</u> English　英語を [　　　　]
(4) <u>work</u> in the library　図書館で [　　　　]

**4** 次の日本語に合うように，(　)内の適切な語を○で囲みなさい。(7点×4)

(1) 野球をする　( do, study, play ) baseball
(2) 日本語を話す　( speak, know, have ) Japanese
(3) テレビを見る　( watch, help, listen ) TV
(4) 犬がほしい　( use, have, want ) a dog

# 3 形容詞 ①

合格点 80点
得点　　点
解答 ➡ P.65

**1** 次の英語の意味を下から選び，記号を書きなさい。(5点×5)

(1) big [　　]　(2) tired [　　]
(3) beautiful [　　]　(4) interesting [　　]
(5) difficult [　　]

| | | | | | | | |
|---|---|---|---|---|---|---|---|
| ア | 新しい | イ | すてきな | ウ | 美しい | エ | 大きい |
| オ | 短い | カ | 難しい | キ | 疲れた | ク | おもしろい |

**2** 左の語と反対の意味を表す語を右から選び，線でつなぎなさい。(5点×3)

(1) hot ・　　・ old
(2) new ・　　・ cold
(3) long ・　　・ short

**3** 次の日本語の意味を表すように，__に正しい文字を入れて，英語を完成しなさい。(6点×6)

(1) うれしい　h__p____　(2) かわいい　c__t__
(3) いくつかの　s____e　(4) 正しい　ri____t
(5) 青い　bl____　(6) よい　g____d

**4** 次の日本語(文)に合うように，____に適切な語を下から選んで書きなさい。(6点×4)

(1) 私の大好きな音楽　my ________ music
(2) 人気のある歌手　a ________ singer
(3) すてきな絵　a ________ picture
(4) 私はおなかがすいています。　I am ________ .

| | | | | | |
|---|---|---|---|---|---|
| special | sorry | favorite | hungry | nice | popular |

# 4 副　詞 ①

合格点 80点
得点　　点
解答 ➡ P.65

**1** 次の日本語の意味を表す英語になるように，(　)内の文字を並べかえなさい。(5点×4)

(1) 下へ　(o,　n,　d,　w)　……………

(2) すぐに　(o,　s,　o,　n)　……………

(3) 熱心に　(r,　h,　d,　a)　……………

(4) 速く　(a,　t,　s,　f)　……………

**2** 次の英語の意味を右から選び，記号を書きなさい。(5点×4)

(1) there　[　　]

(2) always　[　　]

(3) about　[　　]

(4) together　[　　]

| | |
|---|---|
| ア　いっしょに | イ　そこに |
| ウ　いつも | エ　すぐに |
| オ　それから | カ　およそ |
| キ　ゆっくり | ク　ときどき |

**3** 次の日本語の意味を表すように，……に正しい文字を入れて，英語を完成しなさい。(6点×6)

(1) しばしば　o……en　　(2) 今　……w

(3) ほんとうに　r……lly　　(4) ひとりで　a……o……

(5) 今日　t……ay　　(6) どうぞ　pl……se

**4** 次の日本語に合うように，……に適切な語を下から選んで書きなさい。(6点×4)

(1) 早く起きる　get up（起きる）……………

(2) 上手に英語を話す　speak English ……………

(3) ここでサッカーをする　play soccer ……………

(4) もう一度言う　say that ……………

| again | late | back | early | well | here | over |
|---|---|---|---|---|---|---|

# 5 前置詞 ①

合格点 80点
得点　　点
解答 ➡ P.65

**1** 次の絵を表す前置詞を(　)から選び，......に書きなさい。(7点×4)

(1)  ( on,　in )

an apple ............ the table

(2)  ( in,　under )

three CDs ............ the bag

(3)  ( on,　near )

a tree ............ the house

(4)  ( by,　on )

two boys ............ the window

**2** 次の英文の(　)内から適切な語を選び，○で囲みなさい。(7点×3)

(1) We are members ( on,　of ) the art club.

(2) Tom goes to bed [寝る] ( at,　for ) 10:45.

(3) My father works ( on,　from ) nine to five.

**3** 次の各組の(　)に共通して入る語を......に書きなさい。(9点×2)

(1) They play baseball (　　) Sunday morning.
She is (　　) the basketball team. ............

(2) My brother lives (　　) America.
It's very cold (　　) winter. ............

**4** 次の日本文に合うように，......に適切な語を下から選んで書きなさい。(11点×3)

(1) 私を待ってください。　Please wait ............ me.

(2) 私は家で数学を勉強します。　I study math ............ home.

(3) 彼の言うことを聞いてはいけません。　Don't listen ............ him.

| from | for | to | by | on | at |
|---|---|---|---|---|---|

# 6 名　詞 ②

合格点 80点
得点　　点
解答 ➡ P.66

**1** 次の英語の意味を右から選び，記号を書きなさい。(5点×5)

(1) park [　　]
(2) museum [　　]
(3) house [　　]
(4) hospital [　　]
(5) library [　　]

| | | | |
|---|---|---|---|
| ア | 駅 | イ | 病院 |
| ウ | 公園 | エ | 店 |
| オ | 図書館 | カ | 郵便局 |
| キ | 市役所 | ク | 家 |
| ケ | 教室 | コ | 博物館 |

**2** 次の日本語の意味を表すように，......に正しい文字を入れて，英語を完成しなさい。(7点×6)

(1) 机　d............
(2) 名前　n............
(3) かばん　b........
(4) 昼食　............ch
(5) 自転車　b........e
(6) 友だち　f............nd

**3** 次の日本語を英語にしなさい。(3点×4)

(1) コンピュータ ..............................
(2) 夏 ..............................
(3) 女性 ..............................
(4) 家族 ..............................

**4** 次の日本文に合うように，......に適切な語を下から選んで書きなさい。(7点×3)

(1) 私は中学生です。
I am a junior high school .............................. .

(2) 彼らは野球をしますか。
Do they play ..............................?

(3) あなたは朝食に何を食べますか。
What do you have for ..............................?

| | | | | | |
|---|---|---|---|---|---|
| student | dinner | basketball | teacher | breakfast | baseball |

# 7 動　詞 ②

合格点 80点
得点　　点
解答 ➡ P.66

**1** 次の英語の意味を右から選び，記号を書きなさい。(7点×4)

(1) know [　　]
(2) cook [　　]
(3) want [　　]
(4) teach [　　]

| | | | |
|---|---|---|---|
| ア | ～を見る | イ | 聞く |
| ウ | 料理をする | エ | ～を話す |
| オ | ～を教える | カ | ～がほしい |
| キ | ～を知っている | ク | ～を愛する |

**2** 次の日本語の意味を表すように，......に正しい文字を入れて，英語を完成しなさい。(8点×4)

(1) ～を見る　w......ch
(2) ～を使う　......e
(3) (～を)話す　sp......k
(4) (～を)書く　......te

**3** 次の各組の日本語に合うように，(　)に共通して入る動詞を......に書きなさい。(10点×2)

(1) 私は犬を３匹飼っています。
I (　　) three dogs.
私は毎日，朝食を食べます。
I (　　) breakfast every day.
......

(2) あなたはそこで美しい絵を見ることができます。
You can (　　) beautiful pictures there.
あなたはそこでおじさんに会えます。
You can (　　) your uncle there.
......

**4** 次の日本文に合うように，......に適切な語を書きなさい。(10点×2)

(1) 熱心に野球を練習しなさい。
...... baseball hard.

(2) トムは毎日バスで学校に来ますか。
Does Tom ...... to school by bus every day ?
バスで

# 8 形容詞 ②

合格点 80点
得点　　点
解答 ➡ P.66

**1** 次の日本語の意味を表す英語を下から選び，記号を書きなさい。（5点×4）

(1) 短い [　　]　(2) 遅い [　　]
(3) 高い [　　]　(4) 美しい [　　]

| | | | | | | | |
|---|---|---|---|---|---|---|---|
| ア | beautiful | イ | fine | ウ | high | エ | late |
| オ | long | カ | short | キ | happy | ク | deep |

**2** 左の語と反対の意味を表す語を右から選び，線でつなぎなさい。（5点×4）

(1) busy ・　　・ old
(2) hot ・　　・ free
(3) difficult ・　　・ cold
(4) new ・　　・ easy

**3** 次の日本語の意味を表すように，……に正しい文字を入れて，英語を完成しなさい。（6点×6）

(1) 晴れた　s……ny　(2) 曇りの　cl……y
(3) ピンク色の　pi……　(4) おもしろい　int……esting
(5) 速い　f……t　(6) たくさんの　……ny

**4** 次の日本文に合うように，……に適切な語を下から選んで書きなさい。（8点×3）

(1) あなたのお気に入りの歌は何ですか。
What is your …………… song ?
(2) そのサッカー選手はとても人気があります。
The soccer player is very …………… .
(3) あなたはうれしいですか。　Are you …………… ?

| | | | | | |
|---|---|---|---|---|---|
| happy | popular | careful | fine | tired | favorite |

# 9 まとめテスト①

合格点 80点
得点　　点
解答 ➡ P.66

**1** 次の日本語の意味を表す英語を右から選び，＿＿に書きなさい。(5点×4)

(1) 使う ＿＿＿＿
(2) 書く ＿＿＿＿
(3) 作る ＿＿＿＿
(4) 歩く ＿＿＿＿

| | |
|---|---|
| make | walk |
| write | see |
| work | read |
| use | play |

**2** 次のCとDの関係が，AとBの関係と同じになるように，＿＿に適切な語を書きなさい。(10点×4)

| | A | B | C | D |
|---|---|---|---|---|
| (1) | hot | cold | busy | ＿＿＿＿ |
| (2) | open | close | go | ＿＿＿＿ |
| (3) | book | read | milk | ＿＿＿＿ |
| (4) | teach | teacher | play | ＿＿＿＿ |

**3** 次の各組の英文がほぼ同じ意味になるように，＿＿に適切な語を書きなさい。(10点×2)

(1) Tom plays soccer very well.（very well：とても上手に）
= Tom is a very ＿＿＿＿ soccer player.

(2) Do you have a lot of pencils ?（a lot of：たくさんの）
= Do you have ＿＿＿＿ pencils ?

**4** 次の英文を日本語にしなさい。(10点×2)

(1) Are you waiting for Tom ?
[　　　　　　　　　　　　　　　　]

(2) My father sometimes comes home at six o'clock.
[　　　　　　　　　　　　　　　　]

月　日

# 10 名　詞 ③

合格点 80点
得点　点
解答 ➡ P.67

**1** 次の日本語の意味を表す英語を右から選び，……に書きなさい。（5点×4）

(1) 春 ……………

(2) 12月 ……………

(3) 木曜日 ……………

(4) 7月 ……………

| | |
|---|---|
| summer | December |
| Tuesday | June |
| Thursday | spring |
| July | October |

**2** 次の英語の意味を右から選び，記号を書きなさい。（6点×4）

(1) year [　　]

(2) week [　　]

(3) date [　　]

(4) month [　　]

| | | | |
|---|---|---|---|
| ア | 年 | イ | 月 |
| ウ | 季節 | エ | 曜日 |
| オ | 国 | カ | 週 |
| キ | 日付 | ク | 時間 |

**3** 次の日本語の意味を表すように，……に正しい文字を入れて，英語を完成しなさい。（5点×7）

(1) 朝食　b r …… k f a s t

(2) 博物館　m u s …… m

(3) 友だち　f …… n d

(4) 先生　t e … c …… r

(5) 兄，弟　b r … t …… r

(6) 花　f l … w ……

(7) サッカー　s … c …… r

**4** 次の日本文に合うように，……に適切な語を下から選んで書きなさい。（7点×3）

(1) 川で泳ぎましょう。　Let's swim in the …………… .

(2) 向こうのあの山を見なさい。

Look at that …………… over there.
（over there：向こうの）

(3) ブラウン先生はその国のたくさんの動物について知っています。

Mr. Brown knows a lot of animals in the …………… .

| | | | | | |
|---|---|---|---|---|---|
| country | sky | river | mountain | sea | city |

# 11 数 ①

合格点 80点
得点　　点
解答 ➡ P.67

**1** 1～10までの英語の数を順番に並べたとき，＿＿にあてはまる語を書きなさい。（5点×4）

one － two － (1) ＿＿＿＿ － four － (2) ＿＿＿＿ －
six － seven － (3) ＿＿＿＿ － (4) ＿＿＿＿ － ten

**2** 次の下線部の数字を英語にしなさい。（5点×4）

(1) 5 ＋ 6 ＝<u>11</u> ＿＿＿＿　　(2) <u>14</u> － 2 ＝12 ＿＿＿＿
(3) 13 ＋ 7 ＝<u>20</u> ＿＿＿＿　　(4) <u>19</u> － 3 ＝16 ＿＿＿＿

**3** 1番目～20番目までの順序を表す英語を順番に並べたとき，＿＿にあてはまる語を書きなさい。（6点×5）

first － (1) ＿＿＿＿ － (2) ＿＿＿＿ － fourth － fifth －
sixth － seventh － eighth － (3) ＿＿＿＿ － tenth －
eleventh － (4) ＿＿＿＿ － thirteenth － fourteenth －
fifteenth － sixteenth － seventeenth － eighteenth －
nineteenth － (5) ＿＿＿＿

**4** 次の数字を表す英語を右から選び，＿＿に書きなさい。（5点×6）

(1) 13 ＿＿＿＿
(2) 30 ＿＿＿＿
(3) 40 ＿＿＿＿
(4) 70 ＿＿＿＿
(5) 100 ＿＿＿＿
(6) 1000 ＿＿＿＿

| | | |
|---|---|---|
| thirteen | fourteen | four |
| forty | hundred | three |
| seventeen | ten | seven |
| seventy | thirty | thousand |

# 12 代名詞 ①

合格点 80点
得点　　　点
解答 ➡ P.67

**1** 次の日本語の意味を表す代名詞を右から選び，＿＿に書きなさい。（6点×3）

(1) 彼は ＿＿＿＿

(2) 私は ＿＿＿＿

(3) あなたは ＿＿＿＿

| | |
|---|---|
| she | we |
| they | he |
| you | I |

**2** 次のCとDの関係が，AとBの関係と同じになるように，＿＿に適切な語を書きなさい。（7点×4）

| | A | B | C | D |
|---|---|---|---|---|
| (1) | I | we | she | ＿＿＿＿ |
| (2) | he | they | you | ＿＿＿＿ |
| (3) | Ken | he | book | ＿＿＿＿ |
| (4) | Ken and Tom | they | Kumi and I | ＿＿＿＿ |

**3** 次の英文の(　)内から適切な語を選び，○で囲みなさい。（9点×3）

(1) This is Ken's father. ( He, She, It ) is a teacher.

(2) These are my friends. ( They're, He, They ) are soccer players.

(3) You and Naoko are good friends (親友). ( They, You, She ) go to school together.

**4** 次の日本文に合うように，＿＿に適切な語を書きなさい。（9点×3）

(1) あなたたちは学生ですか。―― はい，そうです。
Are you students ? —— Yes, ＿＿＿＿ are.

(2) 私は３つかばんを持っています。それらは古いです。
I have three bags. ＿＿＿＿ are old.

(3) 彼女は日本食が好きですか。
Does ＿＿＿＿ like Japanese food ?

# 13 発音・アクセント ①

合格点 80点
得点 　点
解答 ➡ P.68

**1** 次の各組の語の下線部の発音が同じものを3つ選び，記号を○で囲みなさい。(6点×3)

ア [ good, food ]　イ [ this, thank ]　ウ [ cold, old ]
エ [ see, people ]　オ [ go, come ]　カ [ math, rabbit ]

**2** 次の各組の語のうち，下線部の発音がほかと異なるものを1つずつ選び，記号を○で囲みなさい。(7点×3)

(1) [ ア make　イ take　ウ camera　エ same ]
(2) [ ア green　イ meet　ウ teach　エ head ]
(3) [ ア home　イ mother　ウ month　エ Monday ]

**3** 次の各組の語のうち，下線部の発音が左の語と同じ音を含む語を1つずつ選び，記号を○で囲みなさい。(7点×3)

(1) season [ ア please　イ class　ウ ask　エ answer ]
(2) park [ ア bird　イ guitar　ウ eraser　エ nurse ]
(3) blue [ ア use　イ soon　ウ but　エ cute ]

**4** 次の各組の語の中で，最も強く発音する部分が左の語と同じものを1つずつ選び，記号を○で囲みなさい。(8点×2)

(1) to-day [ ア riv-er　イ a-go　ウ ear-ly　エ ten-nis ]
(2) No-vem-ber [ ア beau-ti-ful　イ dif-fi-cult　ウ pi-an-o　エ fam-i-ly ]

**5** 次の各組の語の中で，最も強く発音する部分がすべて同じ場合には○を，すべて異なる場合には×を，1つだけ異なる場合にはその記号を答えなさい。(8点×3)

(1) [ ア or-ange　イ base-ball　ウ a-gain ]　[　　]
(2) [ ア va-ca-tion　イ Jap-a-nese　ウ Oc-to-ber ]　[　　]
(3) [ ア some-times　イ of-ten　ウ break-fast ]　[　　]

# 14 名詞④

合格点 80点
得点 点
解答 ➡ P.68

**1** 次の英語の意味を右から選び，記号を書きなさい。(5点×4)

(1) culture [　　]
(2) festival [　　]
(3) science [　　]
(4) question [　　]

| | | | |
|---|---|---|---|
| ア | 大学 | イ | 数学 |
| ウ | 質問 | エ | 文化 |
| オ | 橋 | カ | 祭り |
| キ | 理科 | ク | 解答 |

**2** 次の日本語の意味を表す英語を右から選び，記号を書きなさい。(5点×4)

(1) 午後 [　　]
(2) 衣服 [　　]
(3) 休暇 [　　]
(4) 言語 [　　]

| | | | |
|---|---|---|---|
| ア | tomorrow | イ | clothes |
| ウ | afternoon | エ | vacation |
| オ | morning | カ | country |
| キ | language | ク | volunteer |

**3** 次の日本語の意味を表すように，……に正しい文字を入れて，英語を完成しなさい。(6点×6)

(1) 英語 En……ish
(2) カフェテリア c……teria
(3) くだもの f……t
(4) レストラン res……rant
(5) 台所 ki……en
(6) 指 f……er

**4** 次の日本文に合うように，……に適切な語を下から選んで書きなさい。(8点×3)

(1) スミス先生には娘が２人います。 Mr. Smith has two …… .
(2) 私はスポーツがとても好きです。 I like …… very much.
(3) ９月は雨が多いです。 We have a lot of rain in …… .

| | | | | | |
|---|---|---|---|---|---|
| spring | May | cousins | September | sports | daughters |

# 15 前置詞②

合格点 80点
得点　　点
解答 ➡ P.68

**1** 次の絵に合うように，前置詞を......に書きなさい。（5点×4）

(1) a bag .................... the bed
(2) a cat .................... the desk
(3) two pens .................... the bag
(4) a guitar .................... the bed

**2** 次の英文の(　)内から適切な語を選び，〇で囲みなさい。（5点×4）

(1) They sometimes eat curry ( on, for, at ) lunch.
(2) Nancy practices the piano ( on, in, from ) the morning.
(3) We go to the library ( for, to, near ) our school.
(4) Please come to my house ( in, on, at ) noon.

**3** 次の日本文に合うように，......に適切な前置詞を書きなさい。（6点×5）

(1) ボブはカナダ出身です。　Bob is .................... Canada.
(2) 私は彼の息子を探します。　I look .................... his son.
(3) 朝食の前に手を洗いなさい。　Wash your hands .................... breakfast.
(4) そのバスに乗りなさい。　Get .................... the bus.
(5) 私は神社へ自転車で行きます。　I go to the shrine .................... bike.

**4** 次の英文に合うように，......に適切な語を下から選んで書きなさい。（6点×5）

(1) Ken is a member .................... the baseball team.
(2) My mom makes a cake for me .................... my birthday.
(3) Tell me .................... your family, please.
(4) Do you come to the park .................... your sister ?
(5) I study English .................... dinner every day.

| | | | | | | |
|---|---|---|---|---|---|---|
| at | after | about | on | from | of | with |

# 16 熟　語 ①

合格点 80点
得点　　点
解答 ➡ P.68

**1** 次の日本文に合うように，＿＿に適切な語句を下から選んで書きなさい。（10点×3）

(1) あなたのお母さんは6時に起きますか。
Does your mother ＿＿＿＿＿＿＿＿ at six ?

(2) どうぞ立ち上がってください。
Please ＿＿＿＿＿＿＿＿ .

(3) 私を見ないで。
Don't ＿＿＿＿＿＿＿＿ me.

| | | | | | |
|---|---|---|---|---|---|
| look for | look at | sit down | stand up | get on | get up |

**2** 次の英文の(　)内から適切な語を選び，○で囲みなさい。（6点×5）

(1) My brother watches baseball ( in, on ) TV.
(2) What time does Mike usually ( get, take ) a bath ?
(3) Please help me ( to, with ) my homework.
(4) My mother works from 9:00 ( for, to ) 5:00.
(5) I have a lot ( by, of ) pictures.

**3** 次の下線部の語句を日本語にし，日本文を完成しなさい。（10点×4）

(1) Let's play soccer <u>after school</u>.
[　　　　　　]サッカーをしましょう。

(2) Ms. Ito has a cat <u>at home</u>.
伊藤さんは[　　　　　　]ねこを飼っています。

(3) Do you visit Japan <u>every year</u> ?
あなたは[　　　　　　]日本を訪れますか。

(4) His cousin <u>is good at tennis</u>.
彼のいとこは[　　　　　　　　]。

# 17 形容詞③

合格点 80点
得点 　点
解答 ➡ P.68

**1** 次の英語の意味を右から選び，記号を書きなさい。(5点×4)

(1) black [　　]
(2) gray [　　]
(3) green [　　]
(4) yellow [　　]

| | | | |
|---|---|---|---|
| ア | 白い | イ | 青い |
| ウ | 灰色の | エ | 茶色の |
| オ | 赤い | カ | 黒い |
| キ | 緑の | ク | 黄色の |

**2** 次の日本文に合うように，＿＿に適切な語を下から選んで書きなさい。(6点×5)

(1) その都市にはたくさんの人々が来ますか。
Do ＿＿＿＿ people come to the city ?
(2) 私は牛乳がいくらか欲しいです。　I want ＿＿＿＿ milk.
(3) ほかのメンバーにきいてください。　Please ask ＿＿＿＿ members.
(4) 今日は宿題がありません。　We have ＿＿＿＿ homework today.
(5) 私はペンを１本も持っていません。　I don't have ＿＿＿＿ pens.

| | | | | | | |
|---|---|---|---|---|---|---|
| all | any | other | lot | many | no | some |

**3** 次の日本語の意味を表すように，＿に正しい文字を入れて，英語を完成しなさい。(8点×4)

(1) 正しい　r＿＿＿t
(2) 親愛なる　＿＿＿r
(3) 遅れた　l＿＿＿
(4) すばらしい　w＿＿＿＿＿＿l

**4** 次の下線部の語を日本語にし，日本文を完成しなさい。(9点×2)

(1) Mika has her <u>own</u> room.
ミカは彼女[　　　　　]部屋を持っています。
(2) Are you <u>thirsty</u>?
あなたは[　　　　　　　]いますか。

# 18 疑問詞 ①

合格点 80点
得点 　点
解答 ➡ P.69

**1** 次の英文の(　)内から適切な語を選び，○で囲みなさい。(6点×5)

(1) ( What,　Who ) is that little boy ? —— He's Tom.

(2) ( Where,　When ) does Mike live ? —— In Canada.

(3) ( Who,　Whose ) comic book is this ? —— It's my brother's.

(4) ( When,　What ) time do you leave home ? —— At ten.

(5) ( How,　Where ) does Emi go to the shop ? —— By bus.

**2** 次の対話文が成り立つように，＿＿に適切な疑問詞を書きなさい。(10点×4)

(1) *A*：＿＿＿＿ does Ken usually play soccer ?
*B*：He usually plays it after school.

(2) *A*：＿＿＿＿ many brothers does Kumi have ?
*B*：She has two.

(3) *A*：＿＿＿＿ is a *judo* fan ?
*B*：My dad is.

(4) *A*：＿＿＿＿ do you eat for lunch ?
*B*：I eat some sandwiches.

**3** 次の日本文に合うように，＿＿に適切な語を下から選んで書きなさい。(10点×3)

(1) 向こうのあの家はだれのですか。
＿＿＿＿ is that house over there ?

(2) あなたは手紙とメールのどちらが好きですか。
＿＿＿＿ do you like, a letter or an e-mail ?

(3) あなたのお母さんは何歳ですか。
＿＿＿＿ old is your mother ?

| | | | | | | |
|---|---|---|---|---|---|---|
| Who | When | What | Where | Which | Whose | How |

# 19 まとめテスト②

合格点 80点
得点　　点
解答 ➡ P.69

**1** 次の英文の(　)内から適切な語を選び，○で囲みなさい。(5点×4)

(1) ( What, Who, Whose ) guitar is this? —— It's Yuji's.

(2) ( Where, When, How ) is my cat? —— It's in the box.

(3) Yoko walks to the library ( from, for, on ) Saturdays.
　　～へ歩いていく

(4) Kana and I are good friends. ( She, They, We ) go to school together.

**2** 次のCとDの関係が，AとBの関係と同じになるように，……に適切な語を書きなさい。(8点×5)

| | A | B | C | D |
|---|---|---|---|---|
| (1) | one | first | three | ………… |
| (2) | leg | legs | tooth | ………… |
| (3) | six | sixty | two | ………… |
| (4) | summer | season | green | ………… |
| (5) | America | country | August | ………… |

**3** 次の下線部の語(句)を日本語にし，日本文を完成しなさい。(8点×5)

(1) Can you see a dog <u>under the chair</u>?
あなたは[　　　　　　　　]犬が1匹見えますか。

(2) February comes <u>after January</u>.
2月は[　　　　　　　　]にやってきます。

(3) My brother <u>goes to bed</u> after dinner.
私の弟は夕食後に[　　　　　　　　]。

(4) Kumi and Emi are sisters. <u>They</u> are good tennis players.
クミとエミは姉妹です。[　　　　　　　　]テニスが上手です。

(5) <u>How many books</u> do you have?
あなたは[　　　　　　　　]持っていますか。

# 20 名　詞 ⑤

合格点 80点
得点　　点
解答 ➡ P.69

**1** 次の英語の意味を右から選び，記号を書きなさい。(5点×4)

(1) gym [　　]
(2) festival [　　]
(3) shop [　　]
(4) breakfast [　　]

| | | | |
|---|---|---|---|
| ア | スーパー | イ | 店 |
| ウ | 踊り | エ | 祭り |
| オ | 体育館 | カ | 夕食 |
| キ | 菓子 | ク | 朝食 |

**2** 次の日本語の意味を表す英語を右から選び，記号を書きなさい。(6点×5)

(1) 休暇 [　　]
(2) かさ [　　]
(3) 世界 [　　]
(4) 大学 [　　]
(5) おじ [　　]

| | | | |
|---|---|---|---|
| ア | college | イ | city |
| ウ | aunt | エ | vacation |
| オ | uncle | カ | umbrella |
| キ | word | ク | world |

**3** 次の日本語の意味を表すように，……に正しい文字を入れて，英語を完成しなさい。(8点×4)

(1) 自然　n………re　　(2) スポーツ　s………t
(3) グループ　g………p　　(4) 辞書　dic………ary

**4** 次の日本文に合うように，……に適切な語を下から選んで書きなさい。(9点×2)

(1) マイクはたいていカフェテリアで昼食を食べます。
Mike usually eats lunch in the …………… .

(2) この問題はとても難しい。
This …………… is very difficult.

| | | | | |
|---|---|---|---|---|
| coffee | answer | question | study | cafeteria |

# 21 動　詞 ③

合格点 80点
得点　　点
解答 ➡ P.69

**1** 次の英語の意味を右から選び，記号を書きなさい。(5点×4)

(1) show [　　]
(2) hurry [　　]
(3) use [　　]
(4) send [　　]

| | | | |
|---|---|---|---|
| ア | ～を作る | イ | ～を見せる |
| ウ | ～を送る | エ | ～を使う |
| オ | 急ぐ | カ | ～を受け取る |
| キ | 到着する | ク | ～を費やす |

**2** 次の日本語の意味を表す英語を右から選び，記号を書きなさい。(5点×4)

(1) ～をそうじする [　　]
(2) ～に感謝する [　　]
(3) (～に)のぼる [　　]
(4) ～を意味する [　　]

| | | | |
|---|---|---|---|
| ア | call | イ | climb |
| ウ | clean | エ | wash |
| オ | stay | カ | mean |
| キ | thank | ク | move |

**3** 次の日本語の意味を表すように，……に正しい文字を入れて，英語を完成しなさい。(6点×6)

(1) 聞く　l i …… e n
(2) ～を運ぶ　c …… y
(3) ～を訪ねる　…… i t
(4) ～をつかむ　c …… h
(5) ～を楽しむ　e …… y
(6) ほほえむ　s …… e

**4** 次の下線部の語(句)を日本語にし，日本文を完成しなさい。(6点×4)

(1) We <u>practice</u> soccer after school every day.
私たちは毎日放課後サッカーを[　　　　]。

(2) <u>Please tell</u> me about your country.
あなたの国について私に[　　　　]。

(3) <u>Can you take</u> a picture for us ?
私たちのために写真を１枚[　　　　]。

(4) <u>Let's meet</u> at the station at three.
３時に駅で[　　　　]。

# 22 形容詞④

合格点 80点
得点　　点
解答 ➡ P.70

**1** 次の英語の意味を右から選び，記号を書きなさい。(5点×4)

(1) sunny [　　]
(2) special [　　]
(3) high [　　]
(4) hungry [　　]

| | | | |
|---|---|---|---|
| ア | 寒い | イ | 特別の |
| ウ | 高い | エ | 早い |
| オ | 空腹な | カ | 晴れた |
| キ | 小さい | ク | 忙しい |

**2** 次の日本語の意味を表すように，＿＿に正しい文字を入れて，英語を完成しなさい。(6点×4)

(1) 幸せな　h＿＿＿＿
(2) すてきな　n＿＿＿
(3) 白い　＿＿＿te
(4) 簡単な　e＿＿＿

**3** 次の日本語に合うように，＿＿に適切な語を下から選んで書きなさい。(8点×4)

(1) 今日，母は忙しいです。　My mother is ＿＿＿＿ today.
(2) あの少年たちはバスケットボールの選手ですか。
Are ＿＿＿＿ boys basketball players ?
(3) 午後にはいくつか授業がありますか。
Do you have ＿＿＿＿ classes in the afternoon ?
(4) あのキツネはかわいいです。　That fox is ＿＿＿＿ .

| | | | | | | |
|---|---|---|---|---|---|---|
| that | short | busy | those | any | long | cute |

**4** 次の日本文に合うように，＿＿に適切な語を書きなさい。(8点×3)

(1) 私は13歳です。　I am thirteen years ＿＿＿＿ .
(2) あなたは兄弟が何人いますか。
How ＿＿＿＿ brothers do you have ?
(3) マイクはテニスが上手です。　Mike is a ＿＿＿＿ tennis player.

# 23 副　詞 ②

合格点 80点
得点　　点
解答 ➡ P.70

**1** 次の英語の意味を右から選び，記号を書きなさい。(5点×4)

(1) early [　　]
(2) here [　　]
(3) fast [　　]
(4) just [　　]

| | | | |
|---|---|---|---|
| ア | 早く | イ | 速く |
| ウ | あとで | エ | たいてい |
| オ | ここに | カ | ときどき |
| キ | しばしば | ク | ちょうど |

**2** 次の日本語の意味を表す英語を右から選び，記号を書きなさい。(5点×4)

(1) 本当に [　　]
(2) もちろん [　　]
(3) たぶん [　　]
(4) はなれて [　　]

| | | | |
|---|---|---|---|
| ア | maybe | イ | right |
| ウ | usually | エ | off |
| オ | sure | カ | on |
| キ | often | ク | really |

**3** 次の日本語の意味を表すように，……に正しい文字を入れて，英語を完成しなさい。(6点×6)

(1) そのとき　……e n
(2) そこで　t……r e
(3) 再び　a…………n
(4) 外へ　o……
(5) 今は　n……
(6) ～もまた　……s o

**4** 次の下線部の語(句)を日本語にし，日本文を完成しなさい。(6点×4)

(1) Let's play baseball <u>together</u>.
[　　　　　　]野球をしましょう。

(2) I like music <u>very much</u>.
私は音楽が[　　　　　　]好きです。

(3) I <u>only</u> have a cat.
私はねこを１匹[　　　　　　]飼っていません。

(4) My sister studies math <u>hard</u>.
私の姉は[　　　　　　]数学を勉強しています。

月　日

# 24 名詞 ⑥

合格点 80点
得点　　点

解答 ➡ P.70

**1** 次の英語の意味を右から選び，記号を書きなさい。（4点×4）

(1) place [　　]
(2) number [　　]
(3) word [　　]
(4) thing [　　]

| | | | |
|---|---|---|---|
| ア | もの | イ | とき |
| ウ | 数 | エ | 場所 |
| オ | 音楽 | カ | ことば |
| キ | 方法 | ク | 思い出 |

**2** 次の人の顔の各部位を表す英語を右から選び，記号を書きなさい。（6点×6）

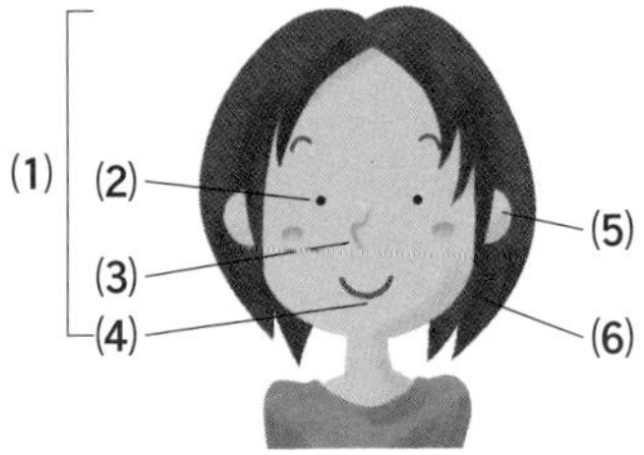


(1) [　　]
(2) [　　]
(3) [　　]
(4) [　　]
(5) [　　]
(6) [　　]

| | | | |
|---|---|---|---|
| ア | eye | イ | mouth |
| ウ | ear | エ | hand |
| オ | hair | カ | foot |
| キ | head | ク | nose |

**3** 次の日本語の意味を表すように，＿＿に正しい文字を入れて，英語を完成しなさい。（6点×4）

(1) 都市　＿＿＿y
(2) 週　＿e＿＿
(3) 国　c o＿＿＿＿y
(4) 休日　＿＿＿＿＿a y

**4** 次の日本文に合うように，＿＿に適切な語を下から選んで書きなさい。（8点×3）

(1) 彼女の声はすばらしいです。　Her ＿＿＿＿ is wonderful.
(2) 毎朝，歯をみがきなさい。　Brush your ＿＿＿＿ every morning.
(3) あなたは何冊かのマンガを持っていますか。
Do you have any ＿＿＿＿?

| | | | | | |
|---|---|---|---|---|---|
| teeth | voice | tooth | mask | comics | erasers |

# 25 数 ②

合格点 80点
得点　　点
解答 ➡ P.70

**1** 次の英語の数と序数の組み合わせを完成させなさい。(5点×4)

(1) one — ＿＿＿＿
(2) four — ＿＿＿＿
(3) eleven — ＿＿＿＿
(4) twenty — ＿＿＿＿

**2** 次の数を表す正しい英語を○で囲みなさい。(5点×4)

(1) 12 ( twelve, twelfth )
(2) 13 ( third, thirteen )
(3) 80 ( eighty, eighteen )
(4) 100 ( hundred, thousand )

**3** 次の日本文に合うように，＿＿に適切な語を書きなさい。(6点×5)

(1) 私の兄は15歳です。 My brother is ＿＿＿＿ years old.
(2) 40円があなたのおつりです。 ＿＿＿＿ yen is your change.
(3) あなたは卵が16個ほしいのですか。 Do you want ＿＿＿＿ eggs ?
(4) 私は50ドルほど持っています。 I have about ＿＿＿＿ dollars.
(5) ２月は１年で２番目の月です。
February is the ＿＿＿＿ month of the year.

**4** 次の下線部の語句を日本語にし，日本文を完成しなさい。(6点×5)

(1) It's <u>ten o'clock</u> in Japan now. 今，日本は[　　　　]です。
(2) We have <u>thirty-five teachers</u> in our school.
私たちの学校には[　　　　]がいます。
(3) This bag is <u>two thousand</u> yen. このかばんは[　　　　]円です。
(4) My birthday is <u>November the thirtieth</u>.
私の誕生日は[　　　　]です。
(5) They work there <u>from eight in the morning to five in the afternoon</u>.
彼らは[　　　　]そこで働きます。

月　日

# 26 熟　語 ②

合格点 80点
得点 　点
解答 ➡ P.70

**1** 次の日本文に合うように，＿＿に適切な語を書きなさい。（6点×5）

(1) どうぞお座りください。　Please ＿＿＿＿ down.

(2) 彼らはインド出身です。　They are ＿＿＿＿ India.

(3) 私はたくさんのボールを持っています。　I have a ＿＿＿＿ of balls.

(4) メアリーはときどき，カナダにもどります。
Mary sometimes goes ＿＿＿＿ to Canada.

(5) あなたは友だちと図書館で宿題をしますか。
Do you ＿＿＿＿ your homework with your friends in the library ?

**2** 次の英文の(　)内から適切な語を選び，○で囲みなさい。（6点×5）

(1) Ken plays the violin very ( good, many, well ).

(2) Please ( take, get, hold ) on the next bus.

(3) How many students are ( at, to, on ) your team ?

(4) Don't eat much ( at, in, on ) night.

(5) I often talk with my grandmother ( at, in, on ) the phone.

**3** 次の下線部の語句を日本語にし，日本文を完成させなさい。（8点×5）

(1) They are <u>a little</u> tired.　彼らは［　　　　　］疲れています。

(2) Many people <u>take pictures</u> in Kyoto.
たくさんの人々が京都で［　　　　　］。

(3) My father usually <u>gets home</u> at about eight thirty.
父はたいてい８時30分ごろに［　　　　　］。

(4) Mr. Okada <u>walks to</u> the hospital every week.
岡田さんは毎週，病院に［　　　　　］。

(5) <u>Please look for</u> my school uniform in the gym.
体育館で私の制服を［　　　　　］。

# 27 動　詞 ④

合格点 80点
得点　点
解答 ➡ P.71

**1** 次の英語の意味を右から選び，記号を書きなさい。(4点×4)

(1) change [　　]
(2) excuse [　　]
(3) think [　　]
(4) lose [　　]

| | | | |
|---|---|---|---|
| ア | (～だと)思う | イ | 感じる |
| ウ | ～を見失う | エ | ～を練習する |
| オ | ～を許す | カ | ～を学ぶ |
| キ | ～を変える | ク | ～を見つける |

**2** 次の各組の英文の下線部を，意味の違いに注意して日本語にしなさい。(9点×6)

(1) The bookstore opens at 9:00.
その書店は９時に[　　　　]。
Ken opened the beautiful box.
ケンはそのきれいな箱を[　　　　]。

(2) It takes fifteen minutes to our school.
私たちの学校まで15分[　　　　]。
Let's take that bus.
あのバスに[　　　　]ましょう。

(3) They started the game.
彼らは[　　　　]。
School starts in April.
学校は[　　　　]。

**3** 次の下線部の語(句)を日本語にし，日本文を完成しなさい。(10点×3)

(1) We get to school at 8:10 every morning.
私たちは毎朝８時10分に学校に[　　　　]。

(2) Draw a picture of that tree.　あの木の絵を[　　　　]。

(3) Do you understand the sign over there ?
あなたはあそこの標識を[　　　　]。

月　日

# 28 代名詞 ②

合格点 80点
得点　　点
解答 ➡ P.71

**1** 次の日本語に合う代名詞を右から選び，記号を書きなさい。(5点×4)

(1) 彼のもの [　　]
(2) 私を [　　]
(3) 私たちの [　　]
(4) それらは [　　]

| | | | |
|---|---|---|---|
| ア | her | イ | our |
| ウ | me | エ | she |
| オ | him | カ | they |
| キ | his | ク | their |

**2** 次のCとDの関係が，AとBの関係と同じになるように，______に適切な語を書きなさい。(5点×4)

| | A | B | C | D |
|---|---|---|---|---|
| (1) | you | yours | they | ______ |
| (2) | us | we | them | ______ |
| (3) | my | mine | her | ______ |
| (4) | my | our | mine | ______ |

**3** 次の英文の(　)内から適切な語を選び，○で囲みなさい。(6点×5)

(1) This is Ken. I know ( his, him, he ) very well.
とてもよく
(2) My brother has a nice car. That is ( his, he, him ) car.
(3) This is my bike, and that is ( yours, your, you ).
(4) Tom has a sister. He likes ( she, her ) very much.
(5) Yuki has a gray rabbit. (It , Its, It's ) name is Peter.

**4** 次の日本文に合うように，______に適切な語を書きなさい。(10点×3)

(1) 私の宿題を手伝ってください。
Please help ______ with my homework.
(2) クミとエミは姉妹です。田中さんは彼女たちのお父さんです。
Kumi and Emi are sisters. Mr. Tanaka is ______ father.
(3) 私たちはみんなあなたのことが大好きです。 We all love ______.
みんな

# 29 疑問詞 ②・助動詞

合格点 80点
得点 　点
解答 ➡ P.71

**1** 次の対話文が成り立つように，[　]に適切な文を下から選び，記号を書きなさい。(7点×4)

(1) *A*：[　　　]　*B*：It's about three hundred meters.（メートル）
(2) *A*：[　　　]　*B*：We have six.
(3) *A*：[　　　]　*B*：It's 20 dollars.（ドル）
(4) *A*：[　　　]　*B*：Yes, please.

| | |
|---|---|
| ア　How many classes do you have ? | イ　How about some tea ? |
| ウ　How long is this bridge ? | エ　How much is this belt ? |

**2** 次の日本文に合うように，＿＿に適切な語を書きなさい。(8点×4)

(1) 博物館はどこですか。　＿＿＿＿ is the museum ?
(2) カナの誕生日はいつですか。　＿＿＿＿ is Kana's birthday ?
(3) あなたはパンダとライオンのどちらの動物が好きですか。
＿＿＿＿ animal do you like, a panda or a lion ?
(4) 私の祖母はスペイン語を話すことができます。
My grandmother ＿＿＿＿ speak Spanish.

**3** 次の対話文の(　)内の語を並べかえなさい。(10点×4)

(1) *A*：( wants, who, a, desk, new )?　*B*：My father does.
＿＿＿＿＿＿＿＿＿＿＿＿＿＿＿＿ ?
(2) *A*：( subject, what, he, does, teach )?　*B*：He teaches science.
＿＿＿＿＿＿＿＿＿＿＿＿＿＿＿＿ ?
(3) *A*：( are, whose, driving, car, you )?　*B*：I'm driving Ken's car.
＿＿＿＿＿＿＿＿＿＿＿＿＿＿＿＿ ?
(4) *A*：( I, use, bike, can, your )?　*B*：Sure.
＿＿＿＿＿＿＿＿＿＿＿＿＿＿＿＿ ?

月　日

# 30 まとめテスト ③

合格点 80点　得点　点

解答 ➡ P.72

**1** 次のCとDの関係が，AとBの関係と同じになるように，＿＿に適切な語を書きなさい。（6点×5）

| | A | B | C | D |
|---|---|---|---|---|
| (1) | son | daughter | man | ＿＿＿＿ |
| (2) | nurse | hospital | animal | ＿＿＿＿ |
| (3) | she | hers | I | ＿＿＿＿ |
| (4) | this | these | that | ＿＿＿＿ |
| (5) | noon | lunch | evening | ＿＿＿＿ |

**2** 次の各組の(　)に共通して入る語を＿＿に書きなさい。（10点×3）

(1) We (　　) to school at eight.
I (　　) up early every morning.　＿＿＿＿

(2) How (　　) is your summer vacation ?
I want a (　　) pencil.　＿＿＿＿

(3) Look (　　) this picture.
Bob works (　　) home on Fridays.　＿＿＿＿

**3** 次の日本文に合うように，＿＿に適切な語を書きなさい。（10点×4）

(1) マイクは日本の食べ物が大好きです。
Mike likes Japanese ＿＿＿＿ very much.

(2) 私はしばしばその書店に行きます。
I ＿＿＿＿ go to the bookstore.

(3) 私のいとこは12歳です。
My cousin is ＿＿＿＿ years old.

(4) あの短い髪の女の子はナンシーです。
That girl with short ＿＿＿＿ is Nancy.

月　　日

# 31 名　詞 ⑦

合格点 80点
得点 　点
解答 ➡ P.72

**1** 次の英語の意味を右から選び，記号を書きなさい。（5点×4）

(1) view [　　]
(2) culture [　　]
(3) fun [　　]
(4) life [　　]

| | | | |
|---|---|---|---|
| ア | 楽しみ | イ | 夢 |
| ウ | 言語 | エ | 生活 |
| オ | 習慣 | カ | 景色 |
| キ | 文化 | ク | 歴史 |

**2** 左の語と関連の深い語を右から選び，線でつなぎなさい。（5点×4）

(1) book ・　　・ station
(2) food ・　　・ restaurant
(3) train ・　　・ sky
(4) cloud ・　　・ library

**3** 次の日本語の意味を表すように，……に正しい文字を入れて，英語を完成しなさい。（6点×6）

(1) 手紙　l……ter
(2) ジュース　ju……e
(3) カレー　c……y
(4) スポーツ　s……t
(5) ボート　b……t
(6) テーブル　t……e

**4** 次の下線部の語(句)を日本語にし，日本文を完成しなさい。（6点×4）

(1) Hiroshi practices soccer on <u>weekends</u>.
ヒロシは[　　　　]にサッカーの練習をします。

(2) Ken's <u>family</u> has three dogs.
ケンの[　　　　]は犬を３匹飼っています。

(3) Kumi speaks five <u>languages</u>.
クミは５つの[　　　　]を話します。

(4) How many countries in <u>the world</u> do you know ?
あなたは[　　　　]の何か国を知っていますか。

# 32 動　詞 ⑤

合格点 80点
得 点 　点
解答 ➡ P.72

**1** 次の英語の意味を右から選び，記号を書きなさい。（5点×4）

(1) join [　　]
(2) hope [　　]
(3) try [　　]
(4) move [　　]

| | | | |
|---|---|---|---|
| ア | (～を)試みる | イ | 滞在する |
| ウ | ～を保つ | エ | (～を)移動する |
| オ | ～を希望する | カ | (～を)知る |
| キ | (～を)推測する | ク | ～に参加する |

**2** 左の語と反対の意味を表す語を右から選び，線でつなぎなさい。（5点×4）

(1) leave ・　　・ lose
(2) ask ・　　・ sit
(3) win ・　　・ arrive
(4) stand ・　　・ answer

**3** 次の日本語の意味を表すように，……に正しい文字を入れて，英語を完成しなさい。（6点×6）

(1) ～を守る　s……e
(2) ～を洗う　w……h
(3) ～を見せる　……w
(4) 働く　……k
(5) 跳ぶ　j……
(6) ～を持つ　……d

**4** 次の日本文に合うように，……に適切な語を下から選んで書きなさい。（6点×4）

(1) すみませんが，どういう意味ですか。
Sorry, but what do you …………?
(2) あなたのお母さんは運転しますか。 Does your mother …………?
(3) あなたはこの歌を歌えますか。 Can you ………… this song?
(4) 信号を右に曲がってください。
Please ………… right at the traffic light.
信号

| | | | |
|---|---|---|---|
| turn | drive | sing | mean |

# 33 副　詞 ③

合格点 80点
得点　　点
解答 ➡ P.72

**1** 次の英語の意味を右から選び，記号を書きなさい。(6点×4)

(1) sometimes [　　]
(2) usually [　　]
(3) always [　　]
(4) often [　　]

| | | | |
|---|---|---|---|
| ア | 再び | イ | すべて |
| ウ | しばしば | エ | そのときに |
| オ | 現在では | カ | たいてい |
| キ | いつも | ク | ときどき |

**2** 次の日本文に合うように，(　)内の語を並べかえなさい。(9点×4)

(1) 私の弟はとても速く泳ぎます。　My ( very,　swims,　brother,　fast ).
My ______________________________.

(2) あなたもピアノをひきますか。　Do ( play,　piano,　the,　also,　you )?
Do ______________________________?

(3) その角を左に曲がりなさい。( at,　turn,　the,　left,　corner ).
______________________________.

(4) 私たちの学校には約30人の先生がいます。
( have,　about,　thirty,　we,　teachers ) in our school.
______________________________ in our school.

**3** 次の下線部の語(句)を日本語にし，日本文を完成しなさい。(10点×4)

(1) How much is this cake ?
このケーキは [　　　　　　] ですか。

(2) Why is that view so beautiful ?
なぜあの景色は [　　　　　　] 美しいのですか。

(3) Does Ken's mother get up early every morning ?
ケンのお母さんは毎朝 [　　　　　　] 起きますか。

(4) Stop it right now.
[　　　　　　] それをやめなさい。

月　日

# 34 接続詞

合格点 80点
得点　　点
解答 ➡ P.72

**1** 次の日本文に合うように，(　)内の適切な語を○で囲みなさい。

(10点×4)

(1) トムとマイクは仲のよい友だちです。

Tom ( and, or ) Mike are good friends.

(2) あなたは夏が好きですか，それとも冬が好きですか。

Do you like summer ( but, or ) winter ?

(3) ケンは音楽が大好きです，それで彼は音楽部に入っています。

Ken likes music very much, ( or, so ) he is in the music club.

(4) 私は非常に疲れていますが，眠れません。

I'm so tired, ( but, so ) I cannot sleep.

**2** 次の日本文に合うように，______に適切な語を書きなさい。(10点×3)

(1) どちらの色があなたのお気に入りですか，赤ですか，それとも青ですか。

Which color is your favorite, red ______ blue ?

(2) あの女性は私の姉ではなくおばです。

That woman is not my sister ______ my aunt.

(3) ここに来て，私を手伝ってください。

Please come here ______ help me.

**3** 次の英文を日本語にしなさい。(10点×3)

(1) It is sunny and hot today.

[　　　　　　　　　　　　　　　　]

(2) Mr. White can drive a car, but he doesn't have a car.

[　　　　　　　　　　　　　　　　]

(3) Who cooks breakfast, you or your mother ?

[　　　　　　　　　　　　　　　　]

# 35 数 ③

合格点 80点
得点　　点
解答 ➡ P.73

**1** 次の各組の数字や序数の中で数がいちばん大きいものを選び，＿＿に書きなさい。(5点×4)

(1) ( three, six, five ) ＿＿＿＿

(2) ( nineteen, nine, fourteen ) ＿＿＿＿

(3) ( fifty, sixteen, seventeen ) ＿＿＿＿

(4) ( thirtieth, eighth, twelfth ) ＿＿＿＿

**2** 次の数を表す英語になるように，＿に正しい文字を入れなさい。(5点×4)

(1) 11　e＿＿＿＿n　　(2) 20　＿＿＿＿ty

(3) 100　h＿＿＿＿e＿　　(4) 1000　＿＿＿＿＿nd

**3** 次の日本文に合うように，＿＿に適切な語を書きなさい。(6点×3)

(1) 今日は10月1日です。　Today is October the ＿＿＿＿.

(2) 彼女は13歳です。　She is ＿＿＿＿ years old.

(3) 次のバスは4時45分に出発します。
The next bus leaves at four ＿＿＿＿ .

**4** 次の下線部の語(句)を日本語にし，日本文を完成しなさい。(7点×3)

(1) My birthday is <u>July the ninth</u>.　私の誕生日は［　　　　　］です。

(2) *A*：Your phone number, please.　あなたの電話番号をお願いします。
*B*：OK.　<u>Five-four-zero-one-nine-two-six</u>.
いいですよ。［　　　　　］です。

(3) It's <u>two fifteen</u> in the afternoon.　午後［　　　　　］です。

**5** 次の英文の意味が通るように，＿＿に適切な語を書きなさい。(7点×3)

(1) A week has ＿＿＿＿ days.

(2) March is the ＿＿＿＿ month of the year.

(3) A day has ＿＿＿＿ hours.

# 36 熟　語 ③

合格点 80点
得点　　点
解答 ➡ P.73

**1** 次の日本文に合うように，＿＿に適切な語を書きなさい。(6点×5)

(1) ミカは数学が得意です。　Mika is ＿＿＿＿ at math.

(2) この部屋に入ってこないで。　Don't ＿＿＿＿ into this room.

(3) 彼は毎日，早く帰宅します。　He goes ＿＿＿＿ early every day.

(4) 私がご伝言をお受けしましょうか。　Can I take a ＿＿＿＿ ?

(5) マイクは上手にギターが弾けません。だから彼は放課後にそれを練習します。
Mike cannot play the guitar well, so he practices it ＿＿＿＿ school.

**2** 次の英文の(　)内から適切な語を選び，○で囲みなさい。(6点×5)

(1) Ann is a ( some, much, little ) tired.

(2) Can I ( take, catch, put ) on this cap ? It's so cute.

(3) You can ( get, go, take ) a bath after dinner.

(4) Yuji usually walks to the park ( at, in, on ) the morning.

(5) My family goes to the restaurant ( at, in, on ) Friday evenings.

**3** 次の下線部の語句を日本語にし，日本文を完成しなさい。(8点×5)

(1) <u>Please get off</u> the train at the next station.
次の駅で電車を [　　　　　　　　]。

(2) Yoshio <u>is a member of</u> the basketball team in our city.
ヨシオは私たちの市のバスケットボールチーム [　　　　　　]。

(3) My grandmother lives in New York and she often <u>writes to</u> me.
祖母はニューヨークに住んでおり，彼女はよく私に [　　　　　　]。

(4) Sam <u>gets up very early</u> on New Year's Day every year.
サムは毎年，元旦に [　　　　　　　　]。

(5) We visit our science teacher <u>from four to four fifteen</u>.
私たちは [　　　　　　　　] 理科の先生を訪ねます。

# 37 動　詞 ⑥

合格点 80点
得点　　点
解答 ➡ P.73

**1** 次の英文の＿＿に，適切な語を下から選び，正しい形に直して書きなさい。ただし，同じ語を２度使ってはいけません。（6点×5）

(1) Do you ＿＿＿＿ your computer every day ?

(2) My brother ＿＿＿＿ me with my homework last night.

(3) Tom is ＿＿＿＿ in the park now.

(4) What time does she ＿＿＿＿ up every morning ?

(5) What does your father do on Sunday morning ?
—— He usually ＿＿＿＿ TV.

| get | look | run | help | use | watch |
|---|---|---|---|---|---|

**2** 次の動詞の過去形を書きなさい。（5点×8）

(1) close ＿＿＿＿　(2) listen ＿＿＿＿
(3) play ＿＿＿＿　(4) start ＿＿＿＿
(5) talk ＿＿＿＿　(6) try ＿＿＿＿
(7) visit ＿＿＿＿　(8) wash ＿＿＿＿

**3** 次の下線部の語を日本語にし，日本文を完成しなさい。（6点×5）

(1) Mike studied math in a group.
マイクはグループになって数学を［　　　　］。

(2) My father lived in Canada twenty years ago.
私の父は20年前，カナダに［　　　　］。

(3) Who answered this quiz ?
だれがこのクイズに［　　　　］。

(4) I worked in the hospital yesterday.　私は昨日，病院で［　　　　］。

(5) My sister cooked dinner last Saturday.
この前の土曜日，私の姉が夕食を［　　　　］。

# 38 形容詞⑤

合格点 80点
得点 　点
解答 ➡ P.73

**1** 次の英文の(　)内から適切な語を選び，○で囲みなさい。(6点×5)

(1) Do you like ( Japan, Japanese ) food ?

(2) How ( long, old ) is Tom ? —— He is twenty.

(3) Our math teacher is very ( young, high ).

(4) The question is very ( easy, easily ).

(5) ( This, These ) notebooks are mine.

**2** 次の日本文に合う英文を下から選んで，記号を○で囲みなさい。(10点×3)

(1) これは新しいカメラです。

ア This is a new camera.

イ This camera is new.

(2) あの本はおもしろい。

ア That is an interesting book.

イ That book is interesting.

(3) あれらはだれのラケットですか。

ア Whose are those rackets ?

イ Whose rackets are those ?

**3** 次の下線部の語句を日本語にし，日本文を完成しなさい。(10点×4)

(1) <u>This house</u> is ours.

[　　　　　　　　] は私たちのです。

(2) <u>These birds</u> are very beautiful.

[　　　　　　　　] はとても美しい。

(3) Here is <u>Ken's favorite guitar</u>.

ここに [　　　　　　　　] があります。

(4) <u>The little white cat</u> is her pet.

[　　　　　　　　] は彼女のペットです。

# 39 名　詞 ⑧

合格点 80点
得点 　点
解答 ➡ P.74

**1** 次の英文の(　)内から適切な語を選び，○で囲みなさい。(6点×5)

(1) Rika and Yuta are ( member,　members ) of the music club.

(2) Can you see many ( fish,　fishes ) in the river ?

(3) Ms. Sato knows a lot of ( storys,　stories ) in the world.

(4) Do you have any ( son,　sons ) ?

(5) We have some ( homework,　homeworks ) today.

**2** 次のCとDの関係が，AとBの関係と同じになるように……に適切な語を書きなさい。(6点×5)

| | A | B | C | D |
|---|---|---|---|---|
| (1) | car | cars | bus | …… |
| (2) | father | man | mother | …… |
| (3) | Japan | Japanese | China | …… |
| (4) | place | places | library | …… |
| (5) | girl | boy | sister | …… |

**3** 次の日本文に合うように，……に適切な語を下から選び，正しい形に直して書きなさい。(10点×4)

(1) これらの家はとても大きい。　These …… are very big.

(2) トムは自転車を何台持っていますか。

How many …… does Tom have ?

(3) あなたの新しいくつはすてきです。　Your new …… look nice.

(4) あなたは箱を2つ運ぶことができますか。

Can you carry two …… ?

| bike | box | house | shoe |
|---|---|---|---|

月　日

# 40 動　詞 ⑦

合格点 80点
得点 　点

解答 ➡ P.74

**1** 次の動詞の過去形を書きなさい。(6点×8)

(1) go ……………
(2) have ……………
(3) come ……………
(4) run ……………
(5) get ……………
(6) take ……………
(7) write ……………
(8) meet ……………

**2** 次の下線部の語(句)を日本語にし，日本文を完成しなさい。(7点×4)

(1) We <u>are enjoying</u> the party.
私たちはパーティーを[　　　　　　　　]。

(2) Ken <u>said</u> to me, "Goodbye."
ケンは私に「さようなら」と[　　　　　　　　]。

(3) Kumi <u>ate</u> a hamburger for lunch.
クミは昼食にハンバーガーを１つ[　　　　　　　　]。

(4) Who <u>is swimming</u> now?　だれが今[　　　　　　　　]。

**3** 次の日本文に合うように，(　)内の語(句)を並べかえなさい。ただし，必要があれば下線部の動詞を適切な形に変えること。(8点×3)

(1) 私は昨夜おじの家に滞在しました。
( last, <u>stay</u>, night, with, my uncle, I ).

…………………………………………………………………………… .

(2) あなたたちは今朝公園をそうじしましたか。
( <u>clean</u>, this, did, the park, you ) morning?

…………………………………………………………………………… morning?

(3) だれが台所であなたを手伝ってくれたのですか。
( <u>help</u>, in, who, the kitchen, you )?

…………………………………………………………………………… ?

# 41 副　詞 ④

合格点 80点
得点　　点
解答 ➡ P.74

**1** 次の日本語の意味を表すように，＿に正しい文字を入れて，英語を完成しなさい。(8点×5)

(1) そのとき　t＿＿＿＿
(2) ほとんど　a＿＿＿＿st
(3) 昨日　＿＿＿＿rday
(4) 明日　t＿＿＿＿ow
(5) いっしょに　t＿＿e＿＿e＿＿

**2** 次の日本文に合うように，(　)内の語(句)を並べかえなさい。(10点×3)

(1) 私はよくこのデパートで友だちに会います。
I ( friend,　meet,　often,　my ) at this department store.
I ＿＿＿＿＿＿＿＿＿＿＿＿ at this department store.

(2) ケンもこの歌が好きです。
Ken ( likes,　this song,　also ).
Ken ＿＿＿＿＿＿＿＿＿＿＿＿ .

(3) 夜遅くにテレビを見てはいけません。
Don't ( late,　TV,　watch,　at night ).
Don't ＿＿＿＿＿＿＿＿＿＿＿＿ .

**3** 次の下線部の語(句)を日本語にし，日本文を完成しなさい。(10点×3)

(1) Rumi studied English very <u>hard</u> last night.
ルミは昨夜とても[　　　　　　]英語を勉強しました。

(2) Did Mike <u>go back</u> to Canada ?
マイクはカナダに[　　　　　　]ましたか。

(3) It is raining <u>now</u>.
[　　　　　　]雨が降っています。

# 42 まとめテスト ④

合格点 80点
得点 　点
解答 ➡ P.74

**1** 次のCとDの関係が，AとBの関係と同じになるように，＿＿に適切な語を書きなさい。（5点×4）

| | A | B | C | D |
|---|---|---|---|---|
| (1) | try | tried | say | ＿＿＿＿ |
| (2) | live | living | swim | ＿＿＿＿ |
| (3) | two | second | five | ＿＿＿＿ |
| (4) | time | when | place | ＿＿＿＿ |

**2** 次の日本文に合うように，＿＿に適切な語を書きなさい。（8点×5）

(1) 私の大好きな食べ物はすしです。　My ＿＿＿＿ food is *sushi*.

(2) この美しい花を見て。　Look at this ＿＿＿＿ flower.

(3) そのことについて私に質問してはいけません。
Don't ＿＿＿＿ me about it.

(4) 私は彼女の笑顔が大好きです。　I love her ＿＿＿＿ .

(5) あなたは何の季節が好きですか。　What ＿＿＿＿ do you like ?

**3** 次の下線部の語(句)を日本語にし，日本文を完成しなさい。（8点×5）

(1) I took a lot of pictures in Okinawa.
私は沖縄でたくさん［　　　　　　］。

(2) Who are you waiting for ?
あなたはだれを［　　　　　　］のですか。

(3) Ken stayed with me last Saturday.
ケンはこの前の土曜日，私［　　　　　　］。

(4) Turn right at the first traffic light.
最初の信号を［　　　　　　］。

(5) What does it mean ?　それは何という［　　　　　　］。

月　日

# 43 名　詞 ⑨

合格点 80点
得　点
点

解答 ➡ P.75

**1** 次の英文の(　)内の語を，適切な形に変えなさい。(6点×5)

(1) Tom and Mike are high school ( student ). ……………

(2) I don't have any English ( book ). ……………

(3) I visited three ( country ) last year. ……………

(4) I can see ten ( bus ) over there. ……………

(5) A lot of ( boy ) in my class like soccer. ……………

**2** 次のCとDの関係が，AとBの関係と同じになるように，……に適切な語を書きなさい。(6点×5)

| | A | B | C | D |
|---|---|---|---|---|
| (1) | game | games | party | …………… |
| (2) | table | tables | class | …………… |
| (3) | ears | ear | feet | …………… |
| (4) | uncle | aunt | son | …………… |
| (5) | China | Chinese | Japan | …………… |

**3** 次の日本文に合うように，……に適切な語を下から選び，必要なら正しい形に直して書きなさい。(10点×4)

(1) 私の両親は歩くことが好きです。　My …………… like walking.

(2) クミとエミは仲のよい友だちですか。

Are Kumi and Emi good ……………?

(3) これらの手紙は祖父からのものです。

These …………… are from my grandfather.

(4) あなたは辞書を何冊持っていますか。

How many …………… do you have ?

| | | | | | | | |
|---|---|---|---|---|---|---|---|
| friend | parent | sister | book | letter | dictionary | family | subject |

月　日

# 44 代名詞 ③

合格点 80点
得点　　点
解答 ➡ P.75

**1** 次の英文の(　)内から適切な語を選び，○で囲みなさい。(8点×5)

(1) That boy is Tom. I know ( her, he, him ) very well.

(2) These are my cakes and those are ( your, yours, you ).

(3) Ken's watch is very old. He wants a new ( it, one, that ).

(4) Bob is a good tennis player. I often play tennis with ( he, him, his ).

(5) My bike is old, but ( she, her, hers ) is new.

**2** 次の日本文に合うように，＿＿に適切な語を下から選んで書きなさい。(8点×3)

(1) 私はペンを１本も持っていません。あなたはいくつか持っていますか。

I don't have any pens. Do you have ＿＿＿＿ ?

(2) このクラスの全員が徒歩で通学していますか。

Does ＿＿＿＿ in this class walk to school ?

(3) 私の父は私に何も言いませんでした。

My father didn't say ＿＿＿＿ to me.

| anything | something | any | everyone | many | it |
|---|---|---|---|---|---|

**3** 次の下線部の語を日本語にし，日本文を完成しなさい。(9点×4)

(1) Some of the girls are dancing.

少女たちの［　　　　　　］踊っています。

(2) Many of my friends can speak English well.

私の友だちの［　　　　　　］上手に英語を話せます。

(3) All of us are very hungry.

私たちの［　　　　　　］とてもおなかがすいています。

(4) One of my classmates has five brothers.

私のクラスメートの［　　　　　　］兄弟が５人います。

# 45 熟語 ④

合格点 80点
得点　　点
解答 ➡ P.75

**1** 次の日本文に合うように，＿＿に適切な語を書きなさい。（8点×4）

(1) ここであなたのくつを脱いでください。
Please take ＿＿＿＿ your shoes here.

(2) もちろん，私はパーティーに行けます。
＿＿＿＿ course, I can go to the party.

(3) ミルクを少しいかがですか。
How ＿＿＿＿ some milk ?

(4) 向こうに大きな標識が見えますか。
Can you see the big sign ＿＿＿＿ there ?

**2** 次の英文の(　)内から適切な語を選び，○で囲みなさい。（7点×4）

(1) Please listen ( at, to ) me.

(2) My grandmother often writes ( in, to ) me.

(3) I want a cup ( by, of ) coffee.

(4) I'm waiting ( on, for ) my father.

**3** 次の下線部の語句を日本語にし，日本文を完成しなさい。（10点×4）

(1) We <u>are ready for</u> breakfast.
私たちは朝食の［　　　　　　　　］。

(2) They <u>had a good time</u> in Hokkaido.
彼らは北海道で［　　　　　　　　］。

(3) My brother <u>is like</u> my father.
私の弟は私の父に［　　　　　　　　］。

(4) We <u>got to</u> the zoo at 10:00.
私たちは10時に動物園に［　　　　　　　　］。

# 46 形容詞 ⑥

合格点 80点
得点　　点
解答 ➡ P.75

**1** 次の英文の(　)内から適切な語を選び，○で囲みなさい。(7点×4)

(1) This is an ( easy, difficult ) question.

(2) It's hot today. How about some ( cool, cold ) drink ?

(3) My father has a ( old, new ) car.

(4) You're late. —— I'm ( happy, sorry ).

**2** 次の下線部の形容詞を日本語にしなさい。(8点×4)

(1) a popular song [　　　　] 歌

(2) a green field [　　　　] 野原

(3) a famous singer [　　　　] 歌手

(4) a wonderful game [　　　　] 試合

**3** 次の日本文に合うように，(　)内の語を並べかえなさい。(8点×5)

(1) 私は大きな黒い鳥を見ました。( black, a, saw, bird, I, big ).

……………………………………………………………………………………………………… .

(2) この川はとても深いです。( deep, is, river, very, this ).

……………………………………………………………………………………………………… .

(3) あなたは外国語をいくつ話しますか。
( many, do, speak, foreign, you, how, languages )?

……………………………………………………………………………………………………… ?

(4) ほかのメンバーはどこにいますか。
( members, are, where, other, the )?

……………………………………………………………………………………………………… ?

(5) あなたは自分自身の部屋を持っていますか。
( own, you, have, room, your, do )?

……………………………………………………………………………………………………… ?

# 47 名　詞 ⑩

合格点 80点
得点　　点
解答 ➡ P.76

**1** 次の名詞が数えられる名詞ならば○を，数えられない名詞ならば×を書きなさい。（3点×10）

(1) book [　　]　(2) bike [　　]
(3) water [　　]　(4) music [　　]
(5) egg [　　]　(6) sky [　　]
(7) game [　　]　(8) rice [　　]
(9) baseball [　　]　(10) homework [　　]

**2** 次の英文の(　)内の語を，必要があれば正しい形に直しなさい。直す必要がないときはそのまま書きなさい。（6点×5）

(1) I have three ( watch ) in the bag. ……………
(2) These are not Emi's ( textbook ). ……………
(3) Did you brush your ( tooth ) last night? ……………
(4) I want some ( juice ). ……………
(5) Do you know that woman with long ( hair )? ……………

**3** 次の下線部の語(句)を日本語にし，日本文を完成しなさい。（8点×5）

(1) What <u>sport</u> do you like?
あなたは何の[　　　　]が好きですか。

(2) I <u>have a headache</u> today.
今日，私は[　　　　]。

(3) This TV program is <u>a lot of fun</u>.
このテレビ番組は[　　　　]です。

(4) Which <u>way</u> are you going?
あなたはどちらの[　　　　]に行くところですか。

(5) Jack likes <u>Japanese culture</u> very much.
ジャックは[　　　　]が大好きです。

# 48 動　詞 ⑧

合格点 80点
得点　　点
解答 ➡ P.76

**1** 次の英文の(　)内から適切な語を選び，○で囲みなさい。(6点×5)

(1) Bob ( watches, watching, watch ) TV after dinner every day.

(2) Tom and I ( are, is, am ) practicing soccer.

(3) Ellen cannot ( write, writes, writing ) Spanish.

(4) ( Does, Are, Do ) you know Mr. White ?

(5) Please ( do, don't, be ) careful on the street.

**2** 次のCとDの関係が，AとBの関係と同じになるように，＿＿に適切な語を書きなさい。(6点×5)

| | A | B | C | D |
|---|---|---|---|---|
| (1) | live | lived | make | ＿＿＿＿ |
| (2) | come | coming | ski | ＿＿＿＿ |
| (3) | wait | waited | hurry | ＿＿＿＿ |
| (4) | take | took | sit | ＿＿＿＿ |
| (5) | staying | stay | skating | ＿＿＿＿ |

**3** 次の日本文に合うように，＿＿に適切な語を下から選び，正しい形に直して書きなさい。(10点×4)

(1) 彼らは今歩いて学校へ行くところです。
They are ＿＿＿＿ to school now.

(2) 私の兄はたいてい８時に家を出ます。
My brother usually ＿＿＿＿ home at 8:00.

(3) 私はそこで鳥を見ました。 I ＿＿＿＿ a bird there.

(4) ルミは６時に起きました。 Rumi ＿＿＿＿ up at six.

| get | make | come | go | see | walk | leave | think |
|---|---|---|---|---|---|---|---|

# 49 前置詞 ③

合格点 80点
得点　　点
解答 ➡ P.76

**1** 次の英文の(　)内から適切な語を選び，○で囲みなさい。(4点×5)

(1) Mike goes to school ( on, by ) bike.

(2) Ms. White teaches English ( in, on ) Tuesdays and Fridays.

(3) Spring comes ( before, between ) winter and summer.

(4) I had two cups ( of, from ) tea.

(5) Can you help me ( for, with ) my work ?

**2** 次の各組の(　)に共通して入る語を……に書きなさい。(10点×4)

(1) Rumi studied math (　　) two hours last night.
My sister made a birthday cake (　　) me. ……………

(2) Some (　　) my friends play the guitar.
I have a picture (　　) my family. ……………

(3) I played tennis (　　) my sister yesterday.
The boy (　　) a red cap is Bob. ……………

(4) Emi's father works (　　) 9:00 to 5:00.
We can see a beautiful mountain (　　) here. ……………

**3** 次の下線部の語(句)を日本語にし，日本文を完成しなさい。(10点×4)

(1) Mr. Green walks <u>around the park</u> every day.
グリーンさんは毎日 [　　　　　　　　] 歩きます。

(2) My house is <u>near</u> my school.
私の家は学校の [　　　　　　　　] あります。

(3) The little girl sings <u>like</u> a bird.
その少女は鳥 [　　　　　　　　] 歌います。

(4) Turn right <u>at the next corner</u>.
[　　　　　　　　] 右に曲がりなさい。

月　日

# 50 名　詞 ⑪

合格点 80点
得点 　点
解答 ➡ P.77

**1** 次の日本文に合うように，(　)内の適切な語を○で囲みなさい。

(5点×4)

(1) あなたは休日に海辺に行きましたか。
Did you go to the ( beach, sea ) for a holiday ?

(2) 私の両親は，今外出中です。　My ( parent, parents ) are out now.

(3) 私は昨夜おばの家に滞在しました。
I stayed with my ( aunt, uncle ) last night.

(4) スミス先生は妹といっしょに暮らしています。
( Ms., Mr. ) Smith lives with her sister.

**2** 次の各文で，〔　〕内の日本語を表すように，(　)内の____に正しい文字を入れて，英語を完成しなさい。(8点×5)

(1) I love this ( p______ o ). 〔写真〕

(2) When did you go to the ( s______ )? 〔店〕

(3) Are you here on ( v__________ o n )? 〔休暇〕

(4) We are at ( ______ e ) today. 〔家〕

(5) My favorite season is ( ______ l ). 〔秋〕

**3** 次の____に最も適切な語を下から選んで書き，対話文を完成しなさい。

(8点×5)

(1) *A*：Is your brother a high school student ?
*B*：No. He is a ________ student.

(2) *A*：What ________ do you like ?　*B*：I like science.

(3) *A*：How is the ________ from the window ?　*B*：It's great.

(4) *A*：Is this the sea ?　*B*：No. It's a wide ________ .

(5) *A*：Did Ken go there by car ?　*B*：No. He went there by ________ .

| | | | | | | |
|---|---|---|---|---|---|---|
| junior | view | river | college | walk | subject | plane |

# 51 発音・アクセント ②

合格点 80点
得点 　点
解答 ➡ P.77

**1** 次の各組の語の下線部の発音が同じものを3つ選び，記号を○で囲みなさい。(7点×3)

ア ［eight, nature］ イ ［like, window］ ウ ［take, talk］
エ ［week, street］ オ ［think, then］ カ ［evening, teacher］

**2** 次の各組の語のうち，下線部の発音がほかと異なるものを1つずつ選び，記号を○で囲みなさい。(7点×3)

(1) ［ア head イ great ウ breakfast エ met］
(2) ［ア games イ homes ウ shops エ schools］
(3) ［ア near イ hear ウ dear エ learn］

**3** 次の各組の語のうち，下線部の発音が左の語と同じ音を含む語を1つずつ選び，記号を○で囲みなさい。(8点×3)

(1) noon ［ア foot イ soon ウ cook エ look］
(2) wanted ［ア stayed イ played ウ studied エ started］
(3) sing ［ア smile イ pick ウ high エ tiger］

**4** 次の各組の語の中で，最も強く発音する部分が左の語と同じものを1つずつ選び，記号を○で囲みなさい。(7点×2)

(1) fa-vor-ite ［ア de-part-ment イ vid-e-o ウ vol-un-teer］
(2) be-fore ［ア cof-fee イ or-ange ウ a-gain］

**5** 次の文の下線部と同じ音を含む語を1つずつ選び，記号を○で囲みなさい。(10点×2)

(1) Ken came home at ten last night. ［ア panda イ ate ウ cap］
(2) He said something to her. ［ア pet イ mine ウ cake］

# 52 まとめテスト ⑤

合格点 80点
得点　　点

解答 ➡ P.77

**1** 次の英語の意味を右から選び，記号を書きなさい。（6点×5）

(1) museum [　　　]
(2) movie [　　　]
(3) world [　　　]
(4) way [　　　]
(5) culture [　　　]

| | | | |
|---|---|---|---|
| ア | 方向 | イ | 希望 |
| ウ | 映画 | エ | 劇場 |
| オ | 芸術 | カ | 博物館 |
| キ | 文化 | ク | 世界 |
| ケ | 習慣 | コ | 国 |

**2** 次の日本文に合うように，______に適切な語を書きなさい。（6点×5）

(1) 彼のコンピュータを使ってはいけません。
Don't ______ his computer.

(2) 写真を撮ってくれますか。　Can you ______ a picture ?

(3) いつ宿題をするのですか。
When do you ______ your homework ?

(4) 私は３か国語が話せます。　I can ______ three languages.

(5) パーティーは楽しかったです。
I ______ fun at the party.

**3** 次の下線部の語句を日本語にし，日本文を完成させなさい。（8点×5）

(1) What <u>are you doing</u> now ?　あなたは今何を [　　　　　　　　]。

(2) I <u>didn't have any</u> food then.
私はそのとき食べ物を [　　　　　　　　]。

(3) I had lunch <u>before noon</u>.　私は [　　　　　　　　] 昼食をとりました。

(4) She can swim <u>very fast</u>.　彼女は [　　　　　　　　] 泳げます。

(5) Nami is almost <u>ready for</u> school.
ナミはほとんど学校の [　　　　　　　　] います。

月　日

# 53 名　詞 ⑫

合格点 80点
得点　　点
解答 ➡ P.77

**1** 次の英語の意味を右から選び，記号を書きなさい。(6点×5)

(1) vacation [　　]
(2) eraser [　　]
(3) shrine [　　]
(4) textbook [　　]
(5) language [　　]

| | | | |
|---|---|---|---|
| ア | ふで箱 | イ | 神社 |
| ウ | 言語 | エ | 寺 |
| オ | 消しゴム | カ | 教科書 |
| キ | 週末 | ク | 休暇 |

**2** 次のCとDの関係が，AとBの関係と同じになるように，＿＿に適切な語を書きなさい。(6点×5)

| | A | B | C | D |
|---|---|---|---|---|
| (1) | song | songs | story | ＿＿＿＿ |
| (2) | Chinese | language | China | ＿＿＿＿ |
| (3) | eye | eyes | foot | ＿＿＿＿ |
| (4) | month | year | minute | ＿＿＿＿ |
| (5) | tiger | tigers | fish | ＿＿＿＿ |

**3** 次の日本文に合うように，(　)内の＿に正しい文字を入れて，英語を完成しなさい。(8点×5)

(1) 答えを聞かせてください。　Please tell me your ( a＿＿＿＿r ).

(2) この都市には大きな祭りがあります。
We have a big ( ＿＿＿＿v a l ) in this city.

(3) 彼はよい週末を過ごしました。　He had a nice ( w＿＿＿＿d ).

(4) あなたは土曜日にはたいてい何をしますか。
What do you usually do on ( S＿＿＿＿d a y )?

(5) 妹は私のかさを使いました。
My sister used my ( ＿＿b＿e＿＿a ).

# 54 動　詞 ⑨

合格点 80点
得点　　点
解答 ➡ P.77

**1** 次の英文の(　)内から適切な語(句)を選び，○で囲みなさい。(7点×5)

(1) Jim ( eats, is eating, ate ) sandwiches then.
(2) They ( write, are writing, wrote ) letters to their teacher now.
(3) He cannot ( play, plays, played ) volleyball next Thursday.
(4) Why ( do, are, be ) you so tired ?
(5) Mr. Smith ( have, has, is having ) a rabbit at home.

**2** 次の日本文に合うように，＿＿に適切な語を書きなさい。(7点×5)

(1) どういう意味ですか。　What do you ＿＿＿＿ ?
(2) 気をつけてください。　Please ＿＿＿＿ careful.
(3) 私はたいていよく眠れます。　I can usually ＿＿＿＿ well.
(4) ジェーンは今朝，7時に起きました。
Jane ＿＿＿＿ up at seven this morning.
(5) 私の弟は今，公園の周りを走っています。
My brother is ＿＿＿＿ around the park now.

**3** 次の日本文に合うように，(　)内の語(句)を並べかえなさい。ただし，必要があれば下線部の動詞を適切な形に変えること。(10点×3)

(1) 彼はバスで図書館に行きました。
( <u>go</u>, bus, library, by, he, to, the ).
＿＿＿＿＿＿＿＿＿＿＿＿＿＿＿＿＿＿＿＿.
(2) 二つ目の信号で左に曲がってください。
( left, traffic light, at, second, <u>turn</u>, the ).
＿＿＿＿＿＿＿＿＿＿＿＿＿＿＿＿＿＿＿＿.
(3) 母はいつも6時ごろに帰宅します。
( home, my mother, at about, <u>come</u>, six, always ).
＿＿＿＿＿＿＿＿＿＿＿＿＿＿＿＿＿＿＿＿.

# 55 形容詞 ⑦

合格点 80点
得点　　点
解答 ➡ P.78

**1** 次の日本語の意味を表す英語を右から選び，記号を書きなさい。(6点×5)

(1) 忙しい [　　]
(2) 人気のある [　　]
(3) この前の [　　]
(4) 若い [　　]
(5) 幼い [　　]

| | | | |
|---|---|---|---|
| ア | little | イ | easy |
| ウ | short | エ | late |
| オ | busy | カ | last |
| キ | young | ク | popular |

**2** 次の日本文に合うように，＿＿に適切な語を書きなさい。(6点×5)

(1) あなたのお気に入りの動物は何ですか。
What is your ＿＿＿＿ animal ?
(2) 私は今とてものどがかわいています。　I'm very ＿＿＿＿ now.
(3) 彼女はDVDを１枚も持っていません。　She has ＿＿＿＿ DVDs.
(4) 彼はあれらの国を訪れました。　He visited ＿＿＿＿ countries.
(5) ユキはコーヒーが嫌いなので，ほかの飲み物を欲しがっています。
Yuki doesn't like coffee, so she wants some ＿＿＿＿ drinks.

**3** 次の下線部の語句を日本語にし，日本文を完成しなさい。(8点×5)

(1) We went to <u>the great museum</u>.　私たちは [　　　　] に行きました。
(2) I saw <u>a famous baseball player</u> in New York.
私はニューヨークで [　　　　] を見ました。
(3) I have <u>a special thing</u> for you today.
今日，私はあなたへの [　　　　] を持っています。
(4) My grandmother often tells <u>many interesting stories</u> to me.
祖母はよく私に [　　　　] を話してくれます。
(5) She made <u>a difficult quiz</u> with her classmates.
彼女はクラスメートと [　　　　] を作りました。

# 56 熟　語 ⑤

合格点 80点
得点　　点
解答 ➡ P.78

**1** 次の日本文に合うように，＿＿に適切な語を書きなさい。（6点×5）

(1) サキは４時に東京に到着します。　Saki ＿＿＿＿ at Tokyo at four.

(2) 学校に遅刻しないで。　Don't be ＿＿＿＿ for school.

(3) 彼は今，宿題をしています。　He is ＿＿＿＿ his homework now.

(4) 私はオーストラリアの出身です。　I am ＿＿＿＿ Australia.

(5) その歌手は世界中でとても有名です。
The singer is very famous ＿＿＿＿ the world.

**2** 次の英文の(　)内から適切な語を選び，○で囲みなさい。（6点×5）

(1) I am ( watching, looking, seeing ) for my uniform.

(2) My mother always ( goes, gets, takes ) up early.

(3) Hiromi is ( nice, well, good ) at basketball.

(4) Ken visited his aunt ( at, in, on ) the afternoon.

(5) Please ( get, put, come ) on the train here.

**3** 次の下線部の語句を日本語にし，日本文を完成しなさい。（8点×5）

(1) Bob tells us <u>a lot</u> about his work.
ボブは自分の仕事について私たちに［　　　　］教えてくれます。

(2) Daiki <u>stayed with her</u> every summer.
ダイキは毎年，夏に［　　　　］。

(3) <u>Here is</u> your English dictionary.
［　　　　］あなたの英語の辞書です。

(4) My grandfather is <u>sixty-eight years old</u>.
私の祖父は［　　　　］です。

(5) They <u>took a bath</u> together at nine o'clock last night.
彼らは昨夜９時にいっしょに［　　　　］。

# 57 会話表現 ①

合格点 80点
得点　　点
解答 ➡ P.78

**1** 左の英文に対する応答として適切なものを右から選び，線でつなぎなさい。ただし，同じものは２度以上使えません。(6点×5)

| | | | |
|---|---|---|---|
| (1) How are you ? | ・ | ・ | It's OK. |
| (2) What's your name ? | ・ | ・ | See you. |
| (3) Goodbye. | ・ | ・ | You're welcome. |
| (4) I'm sorry. | ・ | ・ | Fine, thank you. |
| (5) Thank you. | ・ | ・ | My name is Mari. |

**2** 次の日本文に合うように，____ に適切な語を書きなさい。(6点×5)

(1) おはよう。　Good ________ .

(2) こんにちは。　Good ________ .

(3) どうしたのですか。　What's the ________ ?

(4) もう一度言ってくださいますか。　________ ?

(5) 失礼ですが，駅はどこですか。　________ me, where is the station ?

**3** 次の[　]にあてはまるものを右から選び，記号を書きなさい。(8点×5)

*Yuka* : Hello, Ken.

*Ken* : Hello, Yuka.  This is Aya.
(1) [　　　　] .

*Yuka* : (2) [　　　　] , Aya.

*Aya* : Nice to meet you, too, Yuka.

*Yuka* : (3) [　　　　] , Aya ?

*Aya* : I'm from America.

*Yuka* : Really ?  Do you like baseball ?

*Aya* : (4) [　　　　] .  I'm a baseball fan.
Are you a baseball fan, too ?

*Yuka* : (5) [　　　　] !  I like it very much.

| | |
|---|---|
| ア | No, I don't |
| イ | Yes, I do |
| ウ | Do you like America |
| エ | She is a new student |
| オ | Yes, I am |
| カ | Nice to meet you |
| キ | No, I'm not |
| ク | Where are you from |

月　日

# 58 会話表現 ②

合格点 80点
得点 　　点
解答 ➡ P.79

**1** 次の絵に合う文を下から選び，記号で書きなさい。（5点×4）

(1)  [　　]

(2)  [　　]

(3)  [　　]

(4)  [　　]

| | | | | | | | |
|---|---|---|---|---|---|---|---|
| ア | What's the matter ? | イ | Thank you. | ウ | Look ! | | |
| エ | Oh, no ! | オ | See you. | カ | Sorry. | キ | Hi. |

**2** 次の日本文に合うように，(　)内の適切な語を○で囲みなさい。（7点×5）

(1) 私もです。　( Me,　I,　You ), too.

(2) その通りです。　That's ( light,　right,　too ).

(3) どういたしまして。　You're ( welcome,　good,　nice ).

(4) え～と，私にはわかりません。　( Hi,　Yes,　Well ), I don't know.

(5) ほんとうですか。知りませんでした。
( Really,　OK,　Great )? I didn't know that.

**3** 次の下線部の語(句)を日本語にし，日本文を完成しなさい。（9点×5）

(1) You visited America ! <u>Great</u> !　アメリカに行ったの！[　　　　]！

(2) Is this for me ? <u>Thanks a lot.</u>　これを私にですか？ [　　　　]。

(3) <u>Do you understand</u> me ?　私の言うことが[　　　　]。

(4) I can see my son. <u>I am happy.</u>　息子に会えます。[　　　　]。

(5) <u>What do you mean</u> ? Tell me.　[　　　　]？教えて。

# 59 会話表現 ③

合格点 80点
得点 　点
解答 ➡ P.79

**1** 次の[　]にあてはまる語を右から選び，記号で書きなさい。ただし，文頭にくる語も小文字で示してあります。(6点×5)

*A*：(1) [　　　].
*B*：Hello. (2) [　　　] is Kate.
　Can I (3) [　　　] to Yuki, please ?
*A*：Sorry, but she is (4) [　　　] right now.
　Can I take a (5) [　　　] ?
*B*：Yes, please.

| | | | |
|---|---|---|---|
| ア | out | イ | it |
| ウ | this | エ | say |
| オ | hello | カ | speak |
| キ | message | ク | in |
| ケ | minute | | |

**2** 次の日本文に合うように，＿＿に適切な語を書きなさい。(6点×5)

(1) (電話を切らずに)そのままお待ちください。　＿＿＿＿ on, please.
(2) すみませんが，彼はここにいません。 Sorry, but he is not ＿＿＿＿.
(3) 信号で左に曲がりなさい。　＿＿＿＿ left at the traffic light.
(4) 私は市立病院を探しています。　I'm ＿＿＿＿ for City Hospital.
(5) 駅まで10分位です。　It ＿＿＿＿ about ten minutes to the station.

**3** 次の下線部の語句を日本語にし，日本文を完成しなさい。(8点×5)

(1) <u>Here you are</u>.　This is yours.　[　　　　]。これがあなたのです。
(2) <u>Which train</u> can I take ?　[　　　　]乗ったらいいですか。
(3) Please <u>answer the phone</u>. I'm busy now.
　[　　　　]ください。今，手がはなせないのです。
(4) Take that train. And <u>change trains</u> at the next station.
　あの電車に乗りなさい。そして，次の駅で[　　　　]。
(5) Excuse me, <u>how can I get to</u> the museum ?
　すみません，博物館には[　　　　]。

# 60 会話表現 ④

合格点 80点
得点 　点
解答 ➡ P.79

**1** 次の日本文に合うように, ＿＿に適切な語を書きなさい。(6点×5)

(1) なぜあなたは数学が好きなのですか。 ＿＿＿＿ do you like math ?

(2) ((1)に答えて)おもしろいからです。 ＿＿＿＿ it's interesting.

(3) 私のあとについてきてください。 ＿＿＿＿ me, please.

(4) 窓を開けてくれませんか。 —— いいですとも。

Can you open the window ? —— ＿＿＿＿ .

(5) あなたは今何をしていますか。 What are you ＿＿＿＿ now ?

**2** 次の英文に対する応答として適切なものを○で囲みなさい。(6点×5)

(1) How about some coffee ? —— ( Yes, I do. ／ Yes, let's. )

(2) Can I have some tea ? —— ( Of course. ／ Sorry, I can't. )

(3) Can you make a cake ? —— ( Yes, let's. ／ Sorry, I'm busy. )

(4) Which do you want, coffee or tea ? —— ( Yes, I do. ／ I like coffee. )

(5) Let's go to the party tomorrow. —— ( OK. ／ I'm fine. )

**3** 次の下線部の語句を日本語にし, 日本文を完成させなさい。(8点×5)

(1) <u>How much</u> is it ? —— It's two thousand yen.

それは [ 　　　　 ] ですか。 —— 2,000円です。

(2) <u>How long does it take</u> from here to the park ?

ここから公園まで [ 　　　　 ]。

(3) <u>How often</u> do you visit your aunt ?

あなたは [ 　　　　 ] おばさんを訪れますか。

(4) <u>What time is it</u> in New York now ?

ニューヨークでは今 [ 　　　　 ]。

(5) Look ! <u>What is flying</u> in the sky ? —— A bird is.

見て！空に [ 　　　　 ]。 —— 鳥です。

月　日

# 61 日付

合格点 80点
得点　　点
解答 ➡ P.80

**1** 次の月日や曜日を表す英語になるように，＿＿に適切な語を書きなさい。ただし，数字も英語で書くこと。（5点×8）

(1) 2月 ＿＿＿＿　(2) 12月 ＿＿＿＿

(3) 火曜日 ＿＿＿＿　(4) 木曜日 ＿＿＿＿

(5) 3月8日　March the ＿＿＿＿

(6) 10月25日　October the ＿＿＿＿

(7) 1985年6月12日月曜日　Monday, June the ＿＿＿＿, 1985

(8) 2017年5月16日水曜日　＿＿＿＿, May the sixteenth, 2017

**2** 次の日本文に合うように，(　)内の語を並べかえなさい。（6点×3）

(1) 今日は何日ですか。　( today, is, the, date, what )?

＿＿＿＿＿＿＿＿＿＿＿＿＿＿＿＿＿＿＿＿?

(2) 今日は何曜日ですか。　( today, it, what, day, is )?

＿＿＿＿＿＿＿＿＿＿＿＿＿＿＿＿＿＿＿＿?

(3) あなたの誕生日はいつですか。　( is, birthday, your, when )?

＿＿＿＿＿＿＿＿＿＿＿＿＿＿＿＿＿＿＿＿?

**3** 次の日本文に合うように，＿＿に適切な語を書きなさい。（7点×6）

(1) 学校は4月に始まります。　School starts in ＿＿＿＿.

(2) 週末は何をしましたか。　What did you do on ＿＿＿＿?

(3) 金曜日の晩に会いましょう。　Let's meet on ＿＿＿＿ evening.

(4) 11月は11番目の月です。　November is the eleventh ＿＿＿＿.

(5) 私は3週間前に祖母の家に泊まりました。

I stayed with my grandmother three ＿＿＿＿ ago.

(6) あなたは毎週土曜日にバレーボールをしますか。

Do you play volleyball on ＿＿＿＿?

# 62 まとめテスト ⑥

合格点 80点
得点 　点

解答 ➡ P.80

**1** 次の英語の意味を右から選び，記号を書きなさい。(6点×5)

(1) message [　　]
(2) turn [　　]
(3) festival [　　]
(4) country [　　]
(5) museum [　　]

| | | | |
|---|---|---|---|
| ア | 獲得する | イ | 博物館 |
| ウ | 国 | エ | 祭り |
| オ | 文化 | カ | 伝言 |
| キ | 曲がる | ク | 劇場 |

**2** 次の日本文に合うように，＿＿に適切な語を書きなさい。(6点×5)

(1) 彼はたいてい早起きします。　He ＿＿＿＿ gets up early.
(2) 気をつけなさい。　Be ＿＿＿＿ .
(3) 彼らはバスでここに来ました。　They came here ＿＿＿＿ bus.
(4) いらっしゃいませ。　Can I ＿＿＿＿ you ?
(5) ほかに何か質問はありますか。
Do you have any ＿＿＿＿ questions ?

**3** 次の下線部の語句を日本語にし，日本文を完成しなさい。(8点×5)

(1) Sorry, I <u>don't know</u>.　すみません。私は [　　　　]。
(2) Why are you happy ? —— <u>Because I can see</u> the movie on TV.
なぜあなたはうれしいのですか。—— テレビでその映画を [　　　　]。
(3) Please follow me. —— <u>Of course</u>.
私についてきてください。—— [　　　　]。
(4) These pictures are very popular <u>around the world</u>.
これらの絵は [　　　　] とても人気があります。
(5) I'<u>m looking for</u> a restaurant on the Internet.
私はインターネットでレストランを [　　　　]。

# 63 仕上げテスト ①

合格点 80点
得点 　点
解答 ➡ P.80

**1** 次の英文の(　)内から適切な語を選び，〇で囲みなさい。(5点×6)

(1) Emi and Marina ( is, are, am ) high school students.

(2) ( Do, Does, Are ) your sister drive a car ?

(3) She ( visit, visits, visited ) her aunt in Nagano last week.

(4) I don't eat ( some, any, no ) fish.

(5) We had ( much, many ) rain last summer.

(6) ( That, Those ) people are from Australia.

**2** 次のCとDの関係が，AとBの関係と同じになるように，＿＿に適切な語を書きなさい。(6点×5)

| | A | B | C | D |
|---|---|---|---|---|
| (1) | three | third | nine | ＿＿＿＿ |
| (2) | fruit | food | P.E. | ＿＿＿＿ |
| (3) | uncle | aunt | son | ＿＿＿＿ |
| (4) | I | eye | write | ＿＿＿＿ |
| (5) | you | yours | he | ＿＿＿＿ |

**3** 次の英文の＿＿に適切な語を下から選んで書きなさい。ただし，必要があれば正しい形に直しなさい。同じものは2度使えません。(8点×5)

(1) My mother always ＿＿＿＿ to bed at eleven.

(2) Let's ＿＿＿＿ a song for our teacher.

(3) I visited a lot of ＿＿＿＿ in America.

(4) Tom can ＿＿＿＿ Japanese very well.

(5) Ken is ＿＿＿＿ his computer in his room.

| sing | speak | use | city | go | watch | country | say |
|---|---|---|---|---|---|---|---|

# 64 仕上げテスト ②

合格点 80点
得点 　点
解答 ➡ P.80

**1** 次の英文の( )内から適切な語(句)を選び，○で囲みなさい。(4点×5)

(1) Ann and Nick ( come, comes, came ) to school by car yesterday.

(2) Kumi ( cooks, is cooking, cooked ) dinner now.

(3) Mike can ( play, plays, playing ) the guitar very well.

(4) Bob, ( didn't, doesn't, don't ) talk too much.

(5) ( Do, Does, Is ) everyone know Mr. Brown ?

**2** 次の………に入る同じ発音でつづりの異なる語を書きなさい。(10点×4)

(1) We ……………… lunch at the cafeteria two days ago.
I want ……………… oranges.

(2) It takes an ……………… from here to my house.
Who is ……………… new teacher ?

(3) I ……………… your father very well.
I have ……………… sisters.

(4) Did you ……………… a cute dog in the park ?
Let's go to the ……………… this weekend.

**3** 次の各組の( )に共通して入る語を………に書きなさい。(10点×4)

(1) All the students in my class ( ) math.
Your face is ( ) your mother's. ………………

(2) Turn ( ) at the first traffic light.
Are you all ( ) ? ………………

(3) I want a new ( ).
Did you ( ) a soccer game on TV ? ………………

(4) Please ( ) trains at Higashi Station.
Here's your ( ), fifty yen. ………………

# 解答編

英単語1年

## 1 名詞①

❶ (1) notebook (2) bike (3) box
(4) piano

❷ (1) dog (2) house (3) math
(4) computer

❸ (1) キ (2) ウ (3) ク (4) カ

❹ (1) picture (2) soccer (3) team
(4) guitar

解説

❹ (2) soccer「サッカー」の-er, (4) guitar「ギター」の-arなどはまちがえやすいので，何回もつづりを練習して書けるようにしておこう。

## 2 動詞①

❶ (1) キ (2) カ (3) イ (4) オ

❷ (1) swim (2) read (3) sing
(4) eat

❸ (1) 開ける (2) 行く (3) 教える
(4) 働く〔勉強する〕

❹ (1) play (2) speak (3) watch
(4) want

解説

❷ (4)「(〜を)食べる」はeat。haveを使うこともある。

❹ (1)「(スポーツ)をする」はplayで表す。playはほかに「(楽器)を演奏する」や「遊ぶ」,「〜を演じる」などの意味もある。

## 3 形容詞①

❶ (1) エ (2) キ (3) ウ (4) ク
(5) カ

❷ (1) cold (2) old (3) short

❸ (1) happy (2) cute (3) some
(4) right (5) blue (6) good

❹ (1) favorite (2) popular (3) nice
(4) hungry

解説

❷ (2) new「新しい」の反意語はold「古い」。oldにはほかに「年老いた，年上の」などの意味もある。「年老いた」の反意語はyoung「若い」。

## 4 副詞①

❶ (1) down (2) soon (3) hard
(4) fast

❷ (1) イ (2) ウ (3) カ (4) ア

❸ (1) often (2) now (3) really
(4) alone (5) today (6) please

❹ (1) early (2) well (3) here
(4) again

解説

❶ (1)「下へ」downの反意語は「上へ」up。(3) hardは副詞では「熱心に，一生懸命に」の意味だが，形容詞では「かたい」,「難しい」,「つらい」などの意味がある。

## 5 前置詞①

❶ (1) on (2) in (3) near (4) by

❷ (1) of (2) at (3) from

❸ (1) on (2) in

❹ (1) for (2) at (3) to

**解説**

❶ (1)「テーブルの上の１つのりんご」 (2)「かばんの中の３枚のCD」 (3)「家の近くの１本の木」 (4)「窓のそばにいる２人の男の子」

❷ (1)「私たちは美術部の部員です。」 (2)「トムは10時45分に寝ます。」 (3)「私の父は９時から５時まで働いています。」

❸ (1)「彼らは日曜日の朝，野球をします。」「彼女はバスケットボール部に所属しています。」 (2)「私の兄〔弟〕はアメリカに住んでいます。」「冬はとても寒いです。」

❹ (1)「～を待つ」wait for ～ (2)「家で」at home (3)「～の言うことを聞く」listen to ～

## 6 名 詞 ②

❶ (1) ウ (2) コ (3) ク (4) イ (5) オ

❷ (1) desk (2) name (3) bag (4) lunch (5) bike (6) friend

❸ (1) computer (2) summer (3) woman (4) family

❹ (1) student (2) baseball (3) breakfast

**解説**

❷ (4)「昼食」lunch, (6)「友だち」friend の下線部のつづりに注意しよう。

❸ (2) 四季のつづりをすべて書けるようにしておこう。「春」spring,「夏」summer,「秋」fall,「冬」winter

❹ (2) スポーツの名前は整理してまとめて覚えておこう。 (3)「朝食」breakfast,「昼食」lunch,「夕食」dinnerを覚えておこう。

## 7 動 詞 ②

❶ (1) キ (2) ウ (3) カ (4) オ

❷ (1) watch (2) use (3) speak (4) write

❸ (1) have (2) see

❹ (1) Practice (2) come

**解説**

❸ (1) haveには「～を持っている」のほかに，「～を飼っている」「～を食べる」などの意味もある。 (2) seeは「～が(自然に)目に入る」という意味。「～に会う」はmeetでも表せる。

## 8 形 容 詞 ②

❶ (1) カ (2) エ (3) ウ (4) ア

❷ (1) free (2) cold (3) easy (4) old

❸ (1) sunny (2) cloudy (3) pink (4) interesting (5) fast (6) many

❹ (1) favorite (2) popular (3) happy

**解説**

❸ (1)「晴れた」sunny, (2)「曇りの」cloudyの下線部のつづりに注意しよう。

❹ 選択肢のcarefulは「注意深い」，fineは「健康な，すばらしい」，tiredは「疲れた」の意味。

## 9 まとめテスト ①

❶ (1) use (2) write (3) make (4) walk

❷ (1) free (2) come (3) drink〔have〕 (4) player

❸ (1) good (2) many

④ (1) あなたはトムを待っているのですか。
(2) 私の父はときどき6時に帰宅します。

**解説**

② (1) busy「忙しい」の反意語は「ひまな」free。 (2) go「行く」の反意語は「来る」come。 (3) book「本」は読むもの，milk「牛乳」は「飲む」ものでdrinkを使う。 (4) play「(スポーツ)をする」という行為を行うのは「選手」player。

③ (1)「トムはとても上手にサッカーをします。」=「トムはとても上手なサッカー選手です。」 (2)「あなたはたくさんえんぴつを持っていますか。」

④ (2) 頻(ひん)度を表す副詞sometimes，often，alwaysなどの文中での位置に注意しよう。一般動詞の文ではふつう動詞の前に置く。

## 10 名 詞 ③

① (1) spring (2) December
(3) Thursday (4) July

② (1) ア (2) カ (3) キ (4) イ

③ (1) breakfast (2) museum
(3) friend (4) teacher
(5) brother (6) flower
(7) soccer

④ (1) river (2) mountain
(3) country

**解説**

① 季節，月，曜日を表す語はすべてひとまとまりにして覚えておこう。

④ (2)「山」mountain，(3)「国」countryの下線部のつづりに注意しよう。

## 11 数 ①

① (1) three (2) five (3) eight
(4) nine

② (1) eleven (2) fourteen
(3) twenty (4) nineteen

③ (1) second (2) third (3) ninth
(4) twelfth (5) twentieth

④ (1) thirteen (2) thirty (3) forty
(4) seventy (5) hundred
(6) thousand

**解説**

③「4番目」以上は数を表す語にthをつけるが，five — fifth，nine — ninthのように形がかわる語は，特に注意して書けるようにしておこう。

## 12 代名詞 ①

① (1) he (2) I (3) you

② (1) they (2) you (3) it (4) we

③ (1) He (2) They (3) You

④ (1) we (2) They (3) she

**解説**

② (1)「彼女たちは〔が〕」はtheyで表す。
(2) youの複数「あなたたちは〔が〕」はyou。 (3) book「本」を代名詞で表すとit「それ」となる。 (4) Kumi and I「クミと私」のように「私」を含む場合は「私たち」になるので，weで表す。

③ (2) あとにareがあるので，They areの短縮形They'reは適切でない。 (3) You and Naoko「あなたとナオコ」のように「あなた」を含む場合は「あなたたち」になるので，Youを選ぶ。

④ (1) you「あなたたちは」が主語の疑問文に答えるときはwe「私たちは」で受ける。

## 13 発音・アクセント ①

❶ ウ，エ，カ
❷ (1) ウ (2) エ (3) ア
❸ (1) ア (2) イ (3) イ
❹ (1) イ (2) ウ
❺ (1) ウ (2) イ (3) ○

**解説**

❺ (1) 外来語として日本語に取り入れられている語と英語ではアクセントの位置が異なるので注意しよう。

## 14 名 詞 ④

❶ (1) エ (2) カ (3) キ (4) ウ
❷ (1) ウ (2) イ (3) エ (4) キ
❸ (1) English (2) cafeteria
(3) fruit (4) restaurant
(5) kitchen (6) finger
❹ (1) daughters (2) sports
(3) September

**解説**

❸ (3)「くだもの」fruit，(4)「レストラン」restaurant，(5)「台所」kitchenの下線部のつづりに注意しよう。
❹ (1) daughterのつづりは何回も練習して書けるようにしておこう。 (2)「スポーツが好き」という場合，sportsと複数形になることに注意しよう。

## 15 前置詞 ②

❶ (1) on (2) under (3) in (4) by
❷ (1) for (2) in (3) near (4) at
❸ (1) from (2) for (3) before
(4) on (5) by
❹ (1) of (2) on (3) about (4) with
(5) after

**解説**

❶ (2)「机の下のねこ」 (4)「ベッドのそばのギター」
❷ (1)「彼らはときどき昼食にカレーを食べます。」 (2) in the morning「午前中に」 (4) at noon「正午に」
❸ (1)「～出身です」は〈be動詞＋from ～〉で表す。 (2)「～を探す」look for ～ (3)「～の前に」before ～ (4)「(乗り物)に乗る」get on ～ (5) 交通手段は〈by＋乗り物名〉で表す。
❹ (1) a member of ～「～の一員」 (2)「お母さんは私の誕生日に私のためにケーキを作ります。」 (3)「あなたの家族について教えてください。」

## 16 熟 語 ①

❶ (1) get up (2) stand up
(3) look at
❷ (1) on (2) take (3) with (4) to
(5) of
❸ (1) 放課後に (2) 家で (3) 毎年
(4) テニスが上手〔得意〕です

**解説**

❶ 選択肢のlook forは「～を探す」，sit downは「座る」，get onは「～に乗る」の意味。
❷ (1)「私の兄〔弟〕はテレビで野球を見ます。」 (2)「マイクはたいてい何時にふろに入りますか。」 (3)「私の宿題を手伝ってください。」 (4)「私の母は9時から5時まで働いています。」 (5)「私はたくさんの写真を持っています。」

## 17 形容詞 ③

❶ (1) カ (2) ウ (3) キ (4) ク
❷ (1) many (2) some (3) other
(4) no (5) any

❸ (1) right (2) dear (3) late
(4) wonderful
❹ (1) 自身の (2) のどがかわいて

解説

❷ (5)「1つ〔本〕も〜ない」はnot 〜 anyで表す。

## 18 疑問詞 ①

❶ (1) Who (2) Where (3) Whose
(4) What (5) How
❷ (1) When (2) How (3) Who
(4) What
❸ (1) Whose (2) Which (3) How

解説

❶ (1)「あの幼い男の子はだれですか。」「彼はトムです。」 (2)「マイクはどこに住んでいますか。」「カナダです。」 (3)「これはだれのマンガ本ですか。」「それは私の兄〔弟〕のです。」 (4)「あなたは何時に家を出ますか。」「10時です。」 (5)「エミはどうやってその店に行きますか。」「バスで行きます。」

❷ (1) *A*「ケンはたいていいつサッカーをしますか。」 *B*「彼はたいてい放課後にそれをします。」 (2) *A*「クミは何人兄弟がいますか。」 *B*「彼女は2人(兄弟が)います。」 (3) *A*「だれが柔道のファンですか。」 *B*「私の父です。」 (4) *A*「あなたは昼食に何を食べますか。」 *B*「私はサンドイッチをいくつか食べます。」

## 19 まとめテスト ②

❶ (1) Whose (2) Where (3) on
(4) We
❷ (1) third (2) teeth (3) twenty
(4) color (5) month
❸ (1) いすの下に (2) 1月のあと
(3) 寝ます (4) 彼女たちは
(5) 何冊の本を

解説

❶ (1)「これはだれのギターですか。」「それはユウジのです。」 (2)「私のねこはどこにいますか。」「それは箱の中にいます。」 (3)「ヨウコは土曜日に歩いて図書館へ行きます。」 (4)「カナと私は親友です。私たちはいっしょに通学しています。」

## 20 名詞 ⑤

❶ (1) オ (2) エ (3) イ (4) ク
❷ (1) エ (2) カ (3) ク (4) ア
(5) オ
❸ (1) nature (2) sport (3) group
(4) dictionary
❹ (1) cafeteria (2) question

解説

❷ (5)「おじ」はuncle,「おば」はaunt。セットで覚えよう。
❹ (2)「問題」questionと「答え」answerは対になる語なのでいっしょに覚えておこう。

## 21 動詞 ③

❶ (1) イ (2) オ (3) エ (4) ウ
❷ (1) ウ (2) キ (3) イ (4) カ
❸ (1) listen (2) carry (3) visit
(4) catch (5) enjoy (6) smile
❹ (1) 練習します (2) 教えてください
(3) 撮ってくれますか
(4) 会いましょう

**解説**

4 (2) tellは「教える，話す，伝える」など人にものを伝達する意味を持つ。
(3) Can you ～？は相手に依頼する表現で「～してくれますか」の意味を表す。

## 22 形容詞④

1 (1) カ (2) イ (3) ウ (4) オ
2 (1) happy (2) nice (3) white (4) easy
3 (1) busy (2) those (3) any (4) cute
4 (1) old (2) many (3) good

**解説**

3 (2) すぐあとにboys「少年たち」と複数形が続いているので，「あの」はthoseで表す。 (3) 疑問文で「いくつかの」はふつうanyで表す。

## 23 副詞②

1 (1) ア (2) オ (3) イ (4) ク
2 (1) ク (2) オ (3) ア (4) エ
3 (1) then (2) there (3) again (4) out (5) now (6) also
4 (1) いっしょに (2) とても (3) しか (4) 熱心に〔一生懸命に〕

**解説**

1 (1) early「(時間が)早く」，(3) fast「(速度が)速く」は意味の違いを区別して覚えよう。
4 (3) only「ただ～だけ，～しか」

## 24 名詞⑥

1 (1) エ (2) ウ (3) カ (4) ア
2 (1) キ (2) ア (3) ク (4) イ (5) ウ (6) オ
3 (1) city (2) week (3) country (4) holiday
4 (1) voice (2) teeth (3) comics

**解説**

3 (3)「国」countryの下線部のつづりに注意しよう。
4 (2) tooth「歯」の複数形はteethであることに注意しよう。

## 25 数②

1 (1) first (2) fourth (3) eleventh (4) twentieth
2 (1) twelve (2) thirteen (3) eighty (4) hundred
3 (1) fifteen (2) Forty (3) sixteen (4) fifty (5) second
4 (1) 10時 (2) 35人の先生 (3) 2000 (4) 11月30日 (5) 午前8時から午後5時まで

**解説**

2 (4) hundredは「100」，thousandは「1000」の意味。
3 40や50など，まちがえやすいつづりは何度も練習しておこう。

## 26 熟語②

1 (1) sit (2) from (3) lot (4) back (5) do
2 (1) well (2) get (3) on (4) at (5) on
3 (1) 少し (2) 写真を撮ります (3) 帰宅します (4) 歩いていきます (5) 探してください

**解説**

❶ (1)「座る」sit down　(2)「～出身です」〈be動詞＋ from ～〉　(4)「～へもどる」go back to ～　(5)「宿題をする」do ～'s homework

❷ (1)「ケンはとても上手にバイオリンをひきます。」「上手に」はwellで表す。
(2)「次のバスに乗ってください。」get on ～「～に乗る」　(3)「何人の生徒があなたのチームに所属していますか。」
(5) talk with ～ on the phoneで「電話で～と話す」の意味。

## 27 動　詞 ④

❶ (1) キ　(2) オ　(3) ア　(4) ウ
❷ (1) 開きます，開けました
(2) かかります，乗り
(3) 試合を始めました，
4月に始まります
❸ (1) 着きます　(2) 描きなさい
(3) 理解していますか

**解説**

❶ (4) loseには「負ける」という意味もある。

❷ (1)(3) 動詞の中には，後ろに目的語(～を〔に〕)をとる使い方と，とらない使い方をするものがある。　(2)〈It takes＋(時間)＋to＋(場所).〉＝「(場所)まで(時間が)かかる」〈take＋(乗り物名)〉＝「(乗り物)に乗る」

## 28 代 名 詞 ②

❶ (1) キ　(2) ウ　(3) イ　(4) カ
❷ (1) theirs　(2) they　(3) hers
(4) ours
❸ (1) him　(2) his　(3) yours
(4) her　(5) Its
❹ (1) me　(2) their　(3) you

**解説**

❸ (1)「こちらはケンです。私は彼をとてもよく知っています。」　(2)「私の兄〔弟〕はすてきな車を持っています。あれが彼の車です。」　(3)「これが私の自転車で，あれがあなたのです。」　(4)「トムには姉〔妹〕がいます。彼は彼女が大好きです。」
(5)「ユキは灰色のウサギを飼っています。それの名前はピーターです。」name「名前」の前に置くのでIts「それの」が入る。It'sはIt isの短縮形。

## 29 疑問詞 ②・助動詞

❶ (1) ウ　(2) ア　(3) エ　(4) イ
❷ (1) Where　(2) When　(3) Which
(4) can
❸ (1) Who wants a new desk
(2) What subject does he teach
(3) Whose car are you driving
(4) Can I use your bike

**解説**

❶ (1) *A*「この橋はどのくらいの長さですか。」 *B*「約300メートルです。」
(2) *A*「何時間授業がありますか。」 *B*「6時間あります。」　(3) *A*「このベルトはいくらですか。」 *B*「20ドルです。」
(4) *A*「お茶はいかがですか。」 *B*「はい，いただきます。」

❸ (1) *A*「だれが新しい机を欲しがっていますか。」 *B*「私の父です。」　(2) *A*「彼は何の教科を教えていますか。」 *B*「理科を教えています。」　(3) *A*「あなたはだれの車を運転しているのですか。」
*B*「私はケンの車を運転しています。」
(4) *A*「あなたの自転車を使ってもいいですか。」 *B*「いいですとも。」

## 30 まとめテスト ③

1 (1) woman (2) zoo (3) mine
(4) those (5) dinner
2 (1) get (2) long (3) at
3 (1) food (2) often (3) twelve
(4) hair

解説

2 (1)「私たちは８時に学校に着きます。」「私は毎朝早く起きます。」 get to ～「～に着く」，get up「起きる」 (2)「あなたの夏休みはどのくらい(の期間)ですか。」「私は長いえんぴつが欲しいです。」 (3)「この写真〔絵〕を見なさい。」「ボブは金曜日は家で仕事をします。」look at ～「～を見る」，at home「家で」。

## 31 名 詞 ⑦

1 (1) カ (2) キ (3) ア (4) エ
2 (1) library (2) restaurant
(3) station (4) sky
3 (1) letter (2) juice (3) curry
(4) sport (5) boat (6) table
4 (1) (毎)週末 (2) 家族 (3) 言語
(4) 世界

解説

2 (1) book「本」— library「図書館」
(2) food「食べ物」— restaurant「レストラン」 (3) train「電車」— station「駅」
(4) cloud「雲」— sky「空」の関係。

## 32 動 詞 ⑤

1 (1) ク (2) オ (3) ア (4) エ
2 (1) arrive (2) answer
(3) lose (4) sit
3 (1) save (2) wash (3) show
(4) work (5) jump (6) hold
4 (1) mean (2) drive (3) sing
(4) turn

解説

2 (1) leave「出発する，去る」— arrive「到着する」 (2) ask「(…に～を)たずねる」— answer「～に答える」 (3) win「(試合)に勝つ」— lose「(試合)に負ける」
(4) stand「立つ」— sit「座る」

## 33 副 詞 ③

1 (1) ク (2) カ (3) キ (4) ウ
2 (1) brother swims very fast
(2) you also play the piano
(3) Turn left at the corner
(4) We have about thirty teachers
3 (1) いくら (2) そんなに (3) 早く
(4) 今すぐに

解説

1 頻(ひん)度を表す副詞は意味と頻度の度合いを区別して覚えておこう。 always「いつも」→ usually「たいてい」→ often「しばしば」→ sometimes「ときどき」の順に頻度が下がる。
2 (2)「～もまた」alsoは文中で，ふつう一般動詞の前に置かれることに注意しよう。

## 34 接 続 詞

1 (1) and (2) or (3) so (4) but
2 (1) or (2) but (3) and
3 (1) 今日は晴れて暑い。
(2) ホワイトさんは車を運転できますが，車を持っていません。
(3) だれが朝食を料理しますか，あなたですか，それともあなたのお母さんですか。

**解説**

❶ (3) soは副詞では「それほどに，そのように」などの意味を表すが，接続詞では文と文を結びつけて「それで」などの意味を表す。

## 35 数 ③

❶ (1) six (2) nineteen (3) fifty
(4) thirtieth
❷ (1) eleven (2) twenty
(3) hundred (4) thousand
❸ (1) first (2) thirteen
(3) forty-five
❹ (1) 7月9日 (2) 5401926
(3) 2時15分
❺ (1) seven (2) third
(3) twenty-four

**解説**

❸ (3) forty「40」はfour「4」やfourteen「14」のつづりとは異なり，uが入らない。
❺ (1)「1週間は7日あります。」 (2)「3月は1年の3番目の月です。」 (3)「1日は24時間あります。」

## 36 熟 語 ③

❶ (1) good (2) come (3) home
(4) message (5) after
❷ (1) little (2) put (3) take (4) in
(5) on
❸ (1) 降りてください
(2) の一員です
(3) 手紙を書きます
(4) とても早く起きます
(5) 4時から4時15分まで

**解説**

❶ (4)「伝言を受ける」take a message
(5)「放課後に」after school
❷ (1) a littleは「少し」という意味。
(2) put on ～「～を身につける」
❸ (1) get off ～「～を降りる」はget on ～「～に乗る」とセットで覚えよう。
(3) write to ～「～に手紙を書く」

## 37 動 詞 ⑥

❶ (1) use (2) helped (3) running
(4) get (5) watches
❷ (1) closed (2) listened
(3) played (4) started (5) talked
(6) tried (7) visited (8) washed
❸ (1) 勉強しました
(2) 住んでいました
(3) 答えたのですか
(4) 働きました
(5) 料理しました〔作りました〕

**解説**

❷ 規則動詞の過去形はふつう語尾にedをつける。ただし語尾がeで終わる場合はdのみをつける。また，(6) tryのように〈子音字＋y〉で終わる場合はyをiにかえてedをつける。

## 38 形容詞 ⑤

❶ (1) Japanese (2) old (3) young
(4) easy (5) These
❷ (1) ア (2) イ (3) イ
❸ (1) この家 (2) これらの鳥
(3) ケンのお気に入りのギター
(4) その小さな白いねこ

**解説**

❶ (1)「あなたは日本の食べ物が好きですか。」 (2)「トムは何歳ですか。」「彼は20歳です。」 (3)「私たちの数学の先生は

とても若い。」highは人の背の高さを言うときには不適切。 (4)「その質問はとても簡単です。」easilyは副詞で「簡単に」の意味を表す。 (5)「これらのノートは私のものです。」複数形(notebooks)が続いているので，theseで表す。

❷ (1) イ「このカメラは新しい。」
(2) ア「あれはおもしろい本です。」
(3) ア「あれらのラケットはだれのものですか。」

## 39 名 詞 ⑧

❶ (1) members (2) fish
(3) stories (4) sons
(5) homework

❷ (1) buses (2) woman
(3) Chinese (4) libraries
(5) brother

❸ (1) houses (2) bikes
(3) shoes (4) boxes

**解説**

❶ (1)「リカとユウタは音楽部の部員です。」 (2)「その川でたくさんの魚を見ることができますか。」fishは単複同形。 (3)「サトウさんは世界のたくさんの物語を知っています。」 (4)「あなたには息子さんがいますか。」 (5)「今日，私たちは宿題があります。」homeworkは数えられない名詞なので，複数形にはならない。

❷ (1) busの複数形buses[bʌ́siz]は発音に注意しよう。 (4) library「図書館」は語尾が〈子音字＋y〉なので，複数形にするにはyをiにかえてesをつける。

❸ (1) houseの複数形houses[háuziz]は発音に注意しよう。 (3) shoeは「(片方の)くつ」を表す。

## 40 動 詞 ⑦

❶ (1) went (2) had (3) came
(4) ran (5) got (6) took
(7) wrote (8) met

❷ (1) 楽しんでいます (2) 言いました
(3) 食べました (4) 泳いでいますか

❸ (1) I stayed with my uncle last night [Last night I stayed with my uncle]
(2) Did you clean the park this
(3) Who helped you in the kitchen

**解説**

❶ すべて不規則動詞。 (3) came[kéim]，(4) ran[rǽn]，(6) took[túk]，(7) wrote[róut]，(8) met[mét]。

❷ (3) ateはeightと発音が同じ。

## 41 副 詞 ④

❶ (1) then (2) almost
(3) yesterday (4) tomorrow
(5) together

❷ (1) often meet my friend
(2) also likes this song
(3) watch TV late at night

❸ (1) 熱心に〔一生懸命に〕
(2) もどり (3) 今〔現在〕

**解説**

❷ (1) often「よく」のように頻(ひん)度を表す副詞はふつう一般動詞の前に置く。
(3)「夜遅くに」はlate at nightで表す。

## 42 まとめテスト ④

❶ (1) said (2) swimming (3) fifth
(4) where

❷ (1) favorite (2) beautiful (3) ask
(4) smile (5) season

❸ (1) 写真を撮りました
(2) 待っている
(3) の家に滞在しました
(4) 右に曲がりなさい
(5) 意味ですか

**解説**

❶ (1) sayの過去形はsaid。語尾はiedとならない。 (2) swimの～ing形は語尾のmを重ねてswimmingとする。
(4) time「時間」とwhen「(疑問詞)いつ」の関係はplace「場所」と「(疑問詞)どこ」whereの関係。

## 43 名 詞 ⑨

❶ (1) students (2) books
(3) countries (4) buses (5) boys
❷ (1) parties (2) classes (3) foot
(4) daughter (5) Japanese
❸ (1) parents (2) friends
(3) letters (4) dictionaries

**解説**

❶ (2) not ～ anyで「1つ〔1冊〕も～ない」の意味を表す。anyの後ろの数えられる名詞は複数形。 (5) a lot of ～「たくさんの～」の後ろの数えられる名詞は複数形。
❷ (3) feet「足(複数形)」の単数形はfoot。
❸ (1)「両親」は「親」parentの複数形parentsで表す。

## 44 代名詞 ③

❶ (1) him (2) yours (3) one
(4) him (5) hers
❷ (1) any (2) everyone
(3) anything
❸ (1) 何人かは (2) 多くは
(3) 全員が (4) ひとりは

**解説**

❶ (1)「あの男の子はトムです。私は彼をとてもよく知っています。」 (2)「これらは私のケーキで，あれらはあなたのものです。」 (3)「ケンの時計はとても古い。彼は新しいのを欲しがっています。」今持っている時計を指すときはit，別の「1つの時計」を指すときはoneで表す。
(4)「ボブはテニスが上手です。私はよく彼とテニスをします。」 (5)「私の自転車は古いが，彼女のは新しい。」
❷ (1)「いくつか」は疑問文ではふつうanyで表す。

## 45 熟 語 ④

❶ (1) off (2) Of (3) about
(4) over
❷ (1) to (2) to (3) of (4) for
❸ (1) 準備ができています
(2) 楽しく過ごしました
(3) 似ています (4) 着きました

**解説**

❷ (1)「どうか私の言うことを聞いてください。」 (2)「私の祖母はよく私に手紙を書いてくれます。」 (3)「私はコーヒーが1杯欲しいです。」 (4)「私は父を待っています。」

## 46 形容詞 ⑥

❶ (1) easy (2) cold (3) new
(4) sorry
❷ (1) 人気のある (2) 緑(色)の
(3) 有名な (4) すばらしい
❸ (1) I saw a big black bird
(2) This river is very deep
(3) How many foreign languages do you speak

(4) Where are the other members
(5) Do you have your own room

解説

❶ (1) 前にanがあるので，母音で始まるeasyが入る。 (2) coolは「涼しい」の意味。 (3) 前にaがあるので，子音で始まるnewが入る。 (4)「遅いよ。」「ごめんなさい。」

## 47 名　詞 ⑩

❶ (1) ○　(2) ○　(3) ×　(4) ×
(5) ○　(6) ○　(7) ○　(8) ×
(9) ×　(10) ×
❷ (1) watches　(2) textbooks
(3) teeth　(4) juice　(5) hair
❸ (1) スポーツ　(2) 頭痛がします
(3) とても楽しい　(4) 方向
(5) 日本の文化

解説

❶ 数えられる名詞は複数形になるが，数えられない名詞は複数形にはできない。
❷ (2) These are ～.「これらは～」は複数を表すので，textbookを複数形のtextbooksにする。 (4) juice「ジュース」は液体なので数えられない。 (5)「あなたは長い髪のあの女性を知っていますか。」
❸ (3) funは「楽しいこと，楽しみ」の意味を表す名詞。 (4) wayには「方向」の意味のほかに，「道，道順」や「方法」などの意味もある。

## 48 動　詞 ⑧

❶ (1) watches　(2) are　(3) write
(4) Do　(5) be
❷ (1) made　(2) skiing　(3) hurried
(4) sat　(5) skate
❸ (1) walking　(2) leaves　(3) saw
(4) got

解説

❶ (1)「ボブは毎日，夕食後にテレビを見ます。」 (2)「トムと私はサッカーの練習をしているところです。」 (3)「エレンはスペイン語を書けません。」 (4)「あなたはホワイトさんを知っていますか。」
(5)「通りでは気をつけてください。」
❸ (2)「家を出る」はleave homeで表す。主語が３人称単数で現在の文なのでleavesとする。

## 49 前置詞 ③

❶ (1) by　(2) on　(3) between
(4) of　(5) with
❷ (1) for　(2) of　(3) with　(4) from
❸ (1) 公園の周りを　(2) 近くに
(3) のように　(4) 次の角で

解説

❶ (1)「マイクは自転車で通学しています。」交通手段は〈by＋乗り物名〉で表す。
(2)「ホワイト先生は火曜日と金曜日に英語を教えます。」 (3)「春は冬と夏の間に来ます。」 (4)「私は紅茶を２杯飲みました。」 (5)「私の仕事を手伝ってくれますか。」
❷ (1)「ルミは昨夜，２時間数学を勉強しました。」「私の姉〔妹〕は私のために誕生日ケーキを作ってくれました。」 (2)「私の友だちの何人かはギターをひきます。」「私は家族の写真を持っています。」
(3)「私は昨日，姉〔妹〕とテニスをしました。」「赤い帽子をかぶっている男の子が

ボブです。」 (4)「エミのお父さんは9時から5時まで働いています。」「私たちはここから美しい山を見ることができます。」

❸ (3) likeには動詞「～を好む」のほかに，前置詞で「～のような」などの意味もある。

## 50 名　詞 ⑪

❶ (1) beach (2) parents (3) aunt (4) Ms.

❷ (1) photo (2) shop (3) vacation (4) home (5) fall

❸ (1) college (2) subject (3) view (4) river (5) plane

**解説**

❷ (1)「写真」はphoto, pictureで表せるが，ここでは字数からphoto。 (2)「店」はshopのほかにstoreでも表せる。
(4)「家に」はat homeで表す。

❸ (1) *A*「あなたのお兄さんは高校生ですか。」 *B*「いいえ。彼は大学生です。」
(2) *A*「あなたは何の教科が好きですか。」 *B*「私は理科が好きです。」
(3) *A*「窓からの景色はどうですか。」 *B*「すばらしいです。」 (4) *A*「これは海ですか。」 *B*「いいえ。それは幅の広い川です。」 (5) *A*「ケンは車でそこへ行きましたか。」 *B*「いいえ。彼はそこへ飛行機で行きました。」

## 51 発音・アクセント ②

❶ ア，エ，カ

❷ (1) イ (2) ウ (3) エ

❸ (1) イ (2) エ (3) イ

❹ (1) イ (2) ウ

❺ (1) イ (2) ア

**解説**

❶ カ eveningの下線部は[iː]とのばすことに注意しよう。

## 52 まとめテスト ⑤

❶ (1) カ (2) ウ (3) ク (4) ア (5) キ

❷ (1) use (2) take (3) do (4) speak (5) had

❸ (1) していますか
(2) 何も持っていませんでした〔食べませんでした〕
(3) 正午前に (4) とても速く
(5) 準備ができて

**解説**

❷ (5) have funは「楽しむ」という意味。haveの過去形はhad。

## 53 名　詞 ⑫

❶ (1) ク (2) オ (3) イ (4) カ (5) ウ

❷ (1) stories (2) country (3) feet (4) hour (5) fish

❸ (1) answer (2) festival (3) weekend (4) Saturday (5) umbrella

**解説**

❷ (4) month「月」とyear「年」の関係はminute「分」とhour「時間」の関係と同じ。

## 54 動　詞 ⑨

❶ (1) ate (2) are writing (3) play (4) are (5) has

❷ (1) mean (2) be (3) sleep (4) got (5) running

❸ (1) He went to the library by bus
(2) Turn left at the second traffic light
(3) My mother always comes home at about six

**解説**

❶ (1) thenがあるので過去の文。 (2) nowがあるので現在進行形の文。 (4)「なぜあなたはそんなに疲れているのですか。」 (5)「持って〔飼って〕いる」という意味のhaveは進行形にならない。
❷ (2) be動詞の命令文はbeで始める。
(5) runの～ing形はnを重ねてingをつける。
❸ (3) 動詞を修飾する副詞alwaysの位置に注意する。

## 55 形容詞 ⑦

❶ (1) オ (2) ク (3) カ (4) キ
(5) ア
❷ (1) favorite (2) thirsty (3) no
(4) those (5) other
❸ (1) すばらしい博物館〔美術館〕
(2) 有名な野球選手
(3) 特別なもの
(4) たくさんのおもしろい話
(5) 難しいクイズ

**解説**

❶ (3) last「この前の」とlate「遅れた」を区別して覚えよう。
❷ (3) noは「少しの～もない」という意味の形容詞。

## 56 熟語 ⑤

❶ (1) arrives (2) late (3) doing
(4) from (5) around
❷ (1) looking (2) gets (3) good
(4) in (5) get
❸ (1) たくさん
(2) 彼女の家に滞在しました
(3) これが (4) 68歳
(5) おふろに入りました

**解説**

❶ (1) arrive at ～「～に到着する」
(2) lateは「遅れた」という意味の形容詞。
(5) around the world「世界中で」
❸ (1) a lotは「たくさん」という意味。
(2) stay with ～「～（の家）に滞在する」
(4) ～ year(s) old「～歳」

## 57 会話表現 ①

❶ (1) Fine, thank you.
(2) My name is Mari.
(3) See you. (4) It's OK.
(5) You're welcome.
❷ (1) morning (2) afternoon
(3) matter (4) Pardon
(5) Excuse
❸ (1) エ (2) カ (3) ク (4) イ
(5) オ

**解説**

❶ (1)「お元気ですか。」「元気です。ありがとう。」 (3) どちらも「さようなら。」の意味。 (4)「ごめんなさい。」「いいんですよ。」
❷ (4) 相手の言葉が聞き取れなかったときの表現。 (5) 人に声をかけるときの表現。
❸ *Yuka*「こんにちは，ケン」 *Ken*「こんにちは，ユカ。こちらはアヤです。彼女は新入生です。」 *Yuka*「はじめまして，アヤ。」 *Aya*「こちらこそはじめまして，ユカ。」 *Yuka*「あなたはどちらの出身

ですか，アヤ。」 *Aya*「私はアメリカの出身です。」 *Yuka*「ほんとうに？あなたは野球が好きですか。」 *Aya*「はい，好きです。私は野球ファンです。あなたも野球ファンですか？」 *Yuka*「はい，そうです！私はそれがとても好きです。」

## 58 会話表現 ②

❶ (1) イ (2) カ (3) ア (4) エ
❷ (1) Me (2) right (3) welcome
(4) Well (5) Really
❸ (1) すごい〔いいね〕
(2) どうもありがとう
(3) わかりますか
(4) うれしいです
(5) どういう意味ですか

**解説**

❶ (3)「どうしましたか。」 (4)「なんてことでしょう！」
❸ (2) a lotは「たくさん」の意味。 (3) 会話の途中で相手が理解しているかたずねる表現。understand「～を理解する」
(5) mean「～を意味する」

## 59 会話表現 ③

❶ (1) オ (2) ウ (3) カ (4) ア
(5) キ
❷ (1) Hold (2) here (3) Turn
(4) looking (5) takes
❸ (1) さあどうぞ (2) どの電車に
(3) 電話に出て
(4) 乗り換えなさい
(5) どのように行ったらいいですか

**解説**

❶ *A*「もしもし。」 *B*「もしもし。ケイトです。ユキをお願いします。」 *A*「ごめんなさい，今，外出中です。伝言を伺いましょうか。」 *B*「はい，お願いします。」
❷ (1) hold on「(電話を切らずに)待つ」
(4) look for ～「～を探す」現在進行形の文。 (5)「(時間)がかかる」はtakeで表す。
❸ (4) change trains「電車を乗り換える」trainsと複数形になることに注意。
(5) get to ～「～に着く」

## 60 会話表現 ④

❶ (1) Why (2) Because (3) Follow
(4) Sure (5) doing
❷ (1) Yes, lets. (2) Of course.
(3) Sorry, I'm busy.
(4) I like coffee. (5) OK.
❸ (1) いくら
(2) どのくらいかかりますか
(3) どのくらいの頻度(ひん)で
(4) 何時ですか
(5) 何が飛んでいるのですか

**解説**

❶ (1)(2) Why ～ ?「なぜ～」の疑問文にはBecause ～.「(なぜなら) ～だから」を使って答えることができる。
(3) follow「(～に)ついていく」
(4) Sure.は承諾の応答。「いいですよ」「もちろん」などの意味。
❷ (1) How about ～ ?「～はどうですか」は提案の表現。 (2) Can I ～ ?は許可を求める表現。 (3) Can you ～ ?は依頼する表現。 (5) OK.は「いいですよ」。I'm fine.は「元気です」。
❸ (3) How often ～ ?は頻度をたずねる表現。 (5) 疑問詞が主語の現在進行形の疑問文。

## 61 日　付

❶ (1) February (2) December
(3) Tuesday (4) Thursday
(5) eighth (6) twenty-fifth
(7) twelfth (8) Wednesday

❷ (1) What is the date today
(2) What day is it today
(3) When is your birthday

❸ (1) April (2) weekend
(3) Friday (4) month (5) weeks
(6) Saturdays

**解説**

❶ (5)〜(8) 序数の前のtheはあってもなくてもよい。 (7)(8) 年・月日・曜日の順番が日本語と違うことに注意しよう。

❷ (1)(2) 日付と曜日のたずね方を区別して覚えよう。

❸ (6) 毎週〜曜日は，〈on ＋曜日の複数形〉で表せる。

## 62 まとめテスト ⑥

❶ (1) カ (2) キ (3) エ (4) ウ
(5) イ

❷ (1) usually (2) careful (3) by
(4) help (5) other

❸ (1) わかりません
(2) 見られるからです
(3) もちろん (4) 世界中で
(5) 探しています

**解説**

❷ (2) be動詞の命令文。carefulは「注意して」という意味の形容詞。 (5) このotherは「ほかの」という意味の形容詞。

❸ (2) Why 〜 ?「なぜ〜」の疑問文にはBecause 〜 .「(なぜなら) 〜だから」で答えることができる。

## 63 仕上げテスト ①

❶ (1) are (2) Does (3) visited
(4) any (5) much (6) Those

❷ (1) ninth (2) subject
(3) daughter (4) right (5) his

❸ (1) goes (2) sing (3) cities
(4) speak (5) using

**解説**

❷ (1) 数と序数の関係。 (2)「くだもの」と「食べ物」,「体育」と「教科」。 (3) 男性と女性の関係。 (4) 発音が同じで意味とつづりが異なる語。 (5)「あなたは」と「あなたのもの」,「彼は」と「彼のもの」。主語になる代名詞と所有代名詞の関係。

## 64 仕上げテスト ②

❶ (1) came (2) is cooking (3) play
(4) don't (5) Does

❷ (1) ate, eight (2) hour, our
(3) know, no (4) see, sea

❸ (1) like (2) right (3) watch
(4) change

**解説**

❷ (1)「私たちは2日前カフェテリアで昼食を食べました。」「私はオレンジを8つ欲しいです。」ate, eightの発音は[eit]。
(2)「ここから自宅まで1時間かかります。」「私たちの新しい先生はだれですか。」hour, ourの 発 音 は[auə*r*]。
(3)「私はあなたのお父さんをとてもよく知っています。」「私には姉妹がいません。」know, noの発音は[nou]。
(4)「あなたは公園でかわいい犬を見ましたか。」「今週末，海に行きましょう。」see, seaの発音は[siː]。



☆18